U0001686

希臘神話

總導讀

打開世界文學經典，進入生命的另一個層次！

——新樹幼兒圖書館 館長 蔡幸珍

文學經典之所以成為經典，是因為這些世界名著經過時間的淘洗與淬煉之後，能歷久不衰並轉化成各種形式的「變裝」，例如：卡通、電影、芭蕾舞蹈、音樂、漫畫、手機遊戲、桌遊……等，繼續活躍在這世界的舞台上。

時代會變，社會在進步，科技也以十倍速更新，然而亙古以來的人性卻沒有顯著的變化，幾百年前能感動、震撼、取悅、療癒人心的世界名著，在幾百年後，依然能深深打動世人。

完整的文學經典出版計畫

小木馬文學館這一系列的世界文學經典作品，是由日本第一流的兒童文學研究家，以及國內的傑出譯者以生動活潑的現代語言譯寫，並且附有詳細的注釋、彩頁插畫、作者介紹、人物關係圖、故事舞台和地圖……等等。從這些規劃與細節，可以看到編輯群的用心與貼心。

每個時代的生活用語與文物不盡相同，書中圖文並茂的注釋讓讀者能跨越時空、地理與文化的差異，減少與文字的距離和陌生感，更容易進入故事的時空情境當中。書中的介紹讓讀者了解作者的生平與創作背後的故事；人物關係圖釐清了解各個角色之間的關係，譬如：《希臘神話》中的哪個天神和誰生下了誰，誰又是誰的兄弟姊妹，這個英雄又有何來頭，天神之間錯綜複雜的關係，一張人物關係圖就能幫助讀者腦筋不打結；故事場景和地圖則提供清晰的地理線索，不論是將來實地去故事誕生之地拜訪遊玩，或是在腦海中遨遊都格外有趣。這些林林總總的補充資料，我稱它們為「作品懶人包」，讓讀者無需上網一一去搜尋相關的背景資料，提供了一條深入了解作品的捷徑。

體驗經典的文字魅力

閱讀小木馬文學館一本又一本的世界名著時，我彷彿坐上時光機，回憶起與這些「變裝」後的世界名著相遇的點點滴滴。

《湯姆歷險記》以卡通的型態出現在老三臺的電視裡，吹著口哨的湯姆計誘朋友以珍藏的寶貝來換取刷油漆的工作，湯姆·索耶聰明淘氣的形象深深烙印在我腦海中；《紅髮安妮》每隔十幾年就被翻拍成電視劇或是電影《清秀佳人》；《格列佛遊記》藏身在國小的課文中，一年又一年，格列佛在課本裡，全身被釘住，上百支箭射向他；我在舞台上遇見了《莎士比亞故事集》中的羅密歐與茱麗葉；《悲慘世界》以音樂劇的形式在我心中投下震憾彈；《偵探福爾摩斯》則讓年少的我躺在涼椅上抱著書不放，渡過一整個暑假。我與希臘眾神的相遇則是在台東大學兒童文學研究所的「神話與童話」課堂中、在希臘愛琴海上的克里特島上。

小時候的我，看過「變裝」後的世界名著，現在再讀小木馬文學館以「書」的形式登場的這些名著時，著實被這些作品的文字魅力深深吸引住。「書」和卡通、電視電影等影音媒體大大不同，以水果來比喻的話，書就是水果，而卡通、電影是果汁。看書像是吃原味的水果，而看卡通、電影就像喝果汁，有些營養素不見了，口感也不同了！

比方說，在《湯姆歷險記》卡通裡，看不到馬克．吐溫寫的「不好的回憶就像寫在海灘上的字，幸福的大浪一捲來，馬上就消失無蹤。」在《清秀佳人》卡通裡，看不到「然而，我現在來到人生的轉角了；雖然，走過轉角後，不知道前方會有什麼在等待著，但我相信一定是燦爛美好的未來。這又是另一種樂趣了。」這樣精采的字句，因此我誠心建議曾經與

「變裝」世界名著相遇的人，千萬別錯過原著的文字世界。

閱讀，讓生命變得不同

小木馬文學館將這一系列世界名著的定位為「我的第一套世界文學──在故事中體驗冒險、正義、愛、歡笑與淚水」，兼具趣味性、易讀性、知識性、文學性，並展演出各式各樣的人性，冀望能為小讀者開啟人生第一道文學之門。我也極力推薦大人們和小朋友一起閱讀這系列書，一起聊聊書，在書中探索人心的神祕、奧妙與幽微之處，也一起認識這世界的種種不幸與美好。

法國的符號學者羅蘭・巴特說（Roland Barthes）說：「閱讀不是逐字唸過而已，而是從一個層次進入另一個層次的過程。」

我也認為閱讀是一種化學變化，讀一本書之前和讀了一本書之後，讀者的生命將變得和原本不一樣了。看《悲慘世界》時，可以看到未婚生子的女工在底層環境裡養育孩子的辛苦，了解社會底層人士的生活樣貌；讀了《紅髮安妮》之後，也可以學習安妮正向樂觀的生活態度，對生活保持高度好奇心，並對周遭世界施以想像的魔法，讓世界變美麗！看《湯姆歷險記》時，才知道在現實生活中自己可能是乖乖牌席德，但內心其實很想扮演湯姆．索耶，偶爾淘氣、搗蛋、半夜去冒險。

書本能誘發我們的人生成長，而經典更絕對是最佳的催化劑。打開書吧，讓我們透過一本本世界文學經典引領進入生命的另一個層次！

前言

充滿人性的眾神、波瀾壯闊的物語

「希臘神話」泛指流傳在古希臘各地的傳說，歷經長時間的累積和解釋，逐漸演變形成各種不同的故事版本。在不同時期裡，為了符合當時的價值與觀點，同時也經過轉述故事的人詮釋，往往把故事加以修改，因此希臘神話並不是只有一種固定的版本。

希臘神話最吸引人的地方莫過於描寫了充滿人性的眾神與英雄，及高潮迭起的故事情節，不僅對西歐文化帶來深刻的影響，也賜予了後人豐富的想像力。西歐文明——特別是語言、文學、藝術等領域，處處可見希臘神話的影子。此外，天上的星座、星球及化學元素名稱等，大多都以希臘神話裡的人物來命名，可以說希臘神話早已融入了人們的日常生活中。

本書收錄的希臘神話以西元一～二世紀時的學者阿波羅多洛斯所整理的版本為主，這個版本刪除了許多不必要的文飾，忠實呈現古典希臘時期的風俗民情。

現在，就讓我們從奧林帕斯眾神的故事、希臘英雄的歷險和各地的傳說開始，一起進入希臘神話的世界吧！

第二篇　英雄的成長

第三篇　各地的傳說

附錄

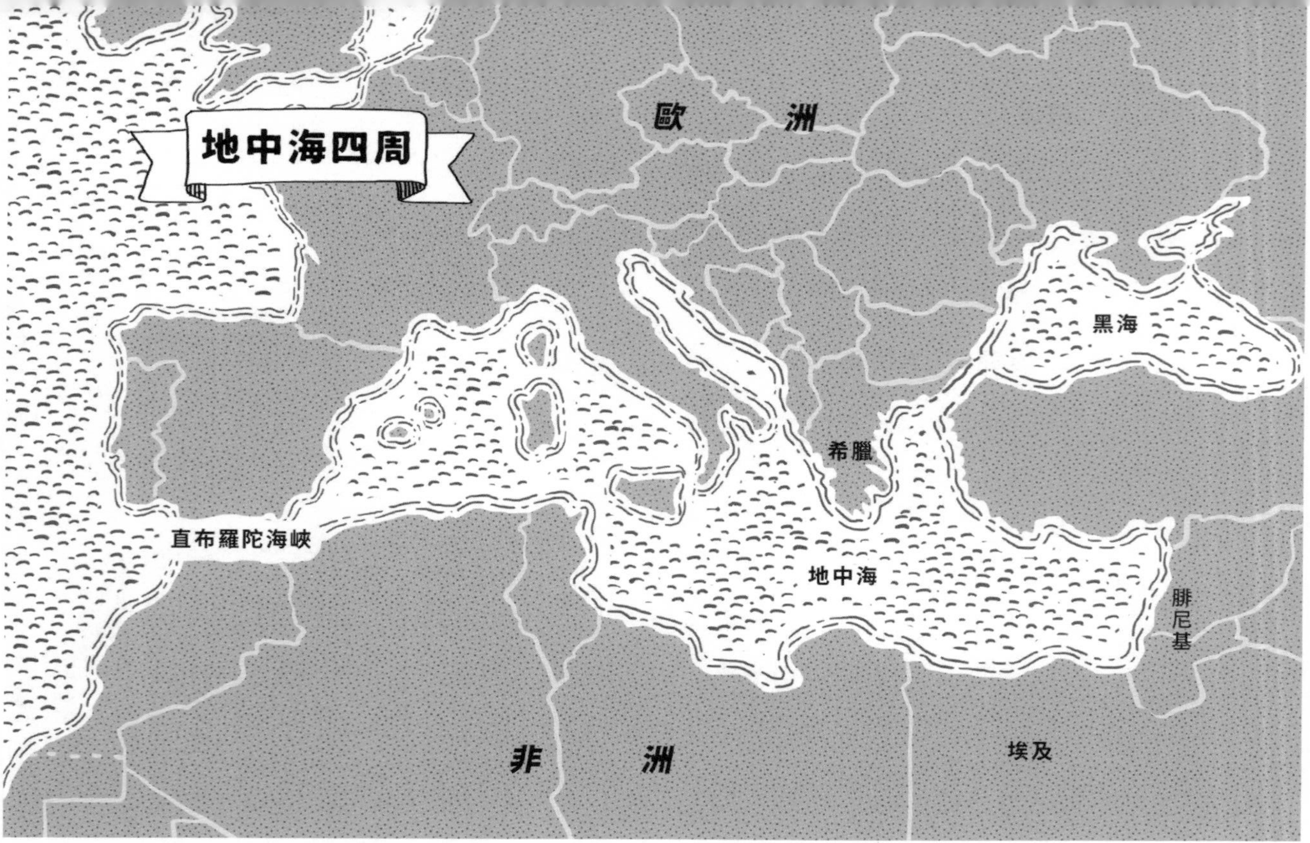
地中海四周
歐洲
黑海
希臘
地中海
直布羅陀海峽
腓尼基
非洲
埃及

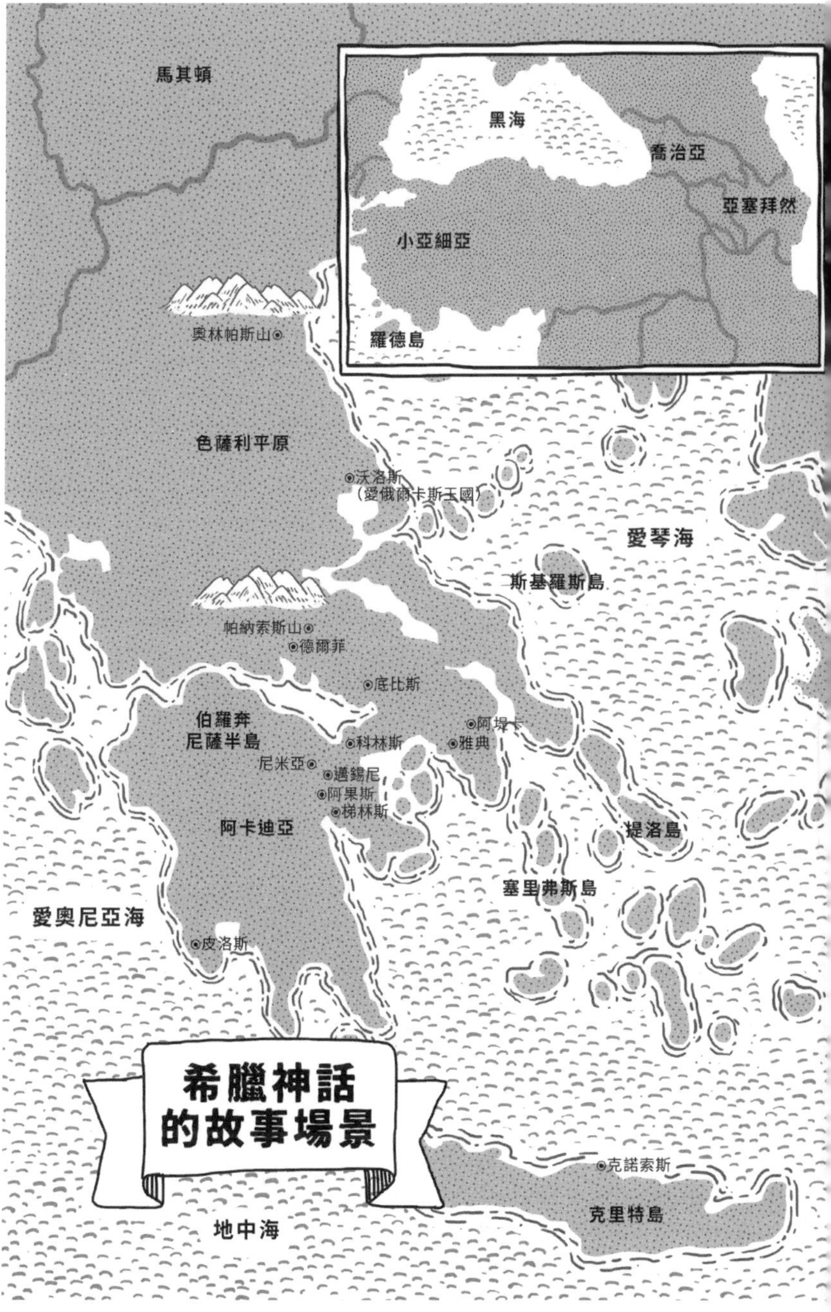
希臘神話
的故事場景
馬其頓
黑海
喬治亞
亞塞拜然
小亞細亞
羅德島
奧林帕斯山
色薩利平原
沃洛斯
（愛俄爾卡斯王國）
愛琴海
斯基羅斯島
帕納索斯山
德爾菲
底比斯
伯羅奔
尼薩半島
阿堤卡
科林斯
雅典
尼米亞
邁錫尼
阿果斯
梯林斯
阿卡迪亞
提洛島
塞里弗斯島
愛奧尼亞海
皮洛斯
克諾索斯
克里特島
地中海

第一篇　諸神的天界

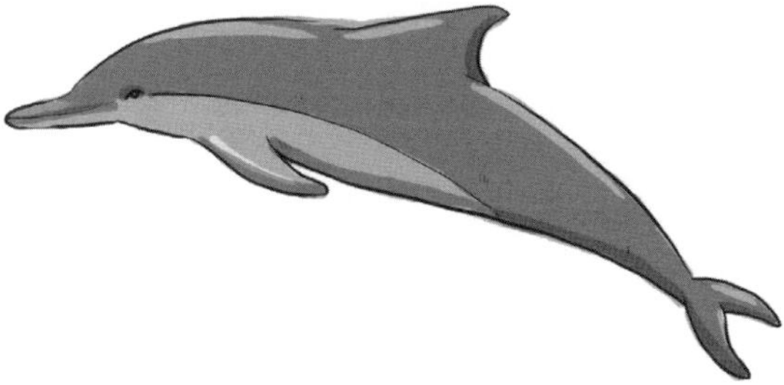

眾神系譜

（泰坦神族）

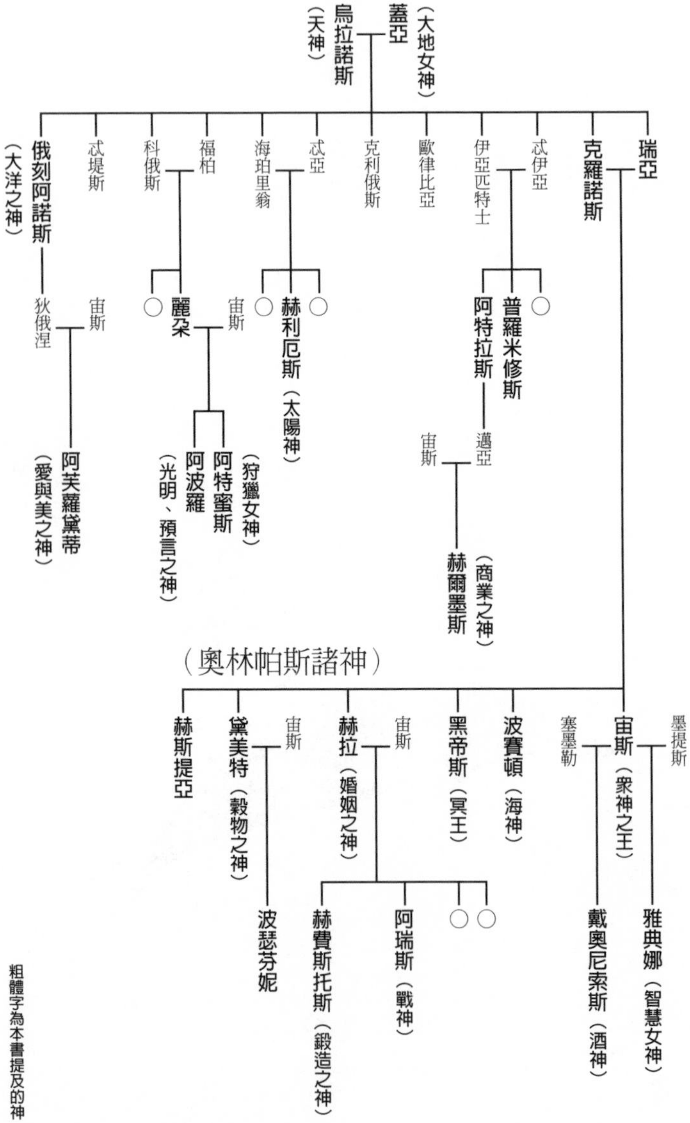
烏拉諾斯（天神）
蓋亞（大地女神）
俄刻阿諾斯（大洋之神）
忒提斯
科俄斯
福柏
海珀里翁
忒亞
克利俄斯
歐律比亞
伊亞匹特士
忒伊亞
克羅諾斯
瑞亞
狄俄涅
宙斯
阿芙蘿黛蒂（愛與美之神）
麗朵
宙斯
阿波羅（光明、預言之神）
阿特蜜斯（狩獵女神）
赫利厄斯（太陽神）
阿特拉斯
普羅米修斯
邁亞
宙斯
赫爾墨斯（商業之神）
（奧林帕斯諸神）
赫斯提亞
黛美特（穀物之神）
宙斯
波瑟芬妮
赫拉（婚姻之神）
宙斯
赫費斯托斯（鍛造之神）
阿瑞斯（戰神）
黑帝斯（冥王）
波賽頓（海神）
塞墨勒
宙斯（眾神之王）
墨提斯
戴奧尼索斯（酒神）
雅典娜（智慧女神）

粗體字為本書提及的神

奧林帕斯眾神

很久很久以前，世界仍然是無邊無際的混沌。在這片混沌之中，天神（烏拉諾斯）與大地女神（蓋亞）把世界隔開，分成天與地。然後，他們生下了**泰坦神族**。泰坦神族一共有十二個兄弟姊妹，年紀最小的克羅諾斯與瑞亞結合，生下了六位神祇。然而，曾有預言說，克羅諾斯會被自己的孩子取代，他害怕預言成真，便把一個接一個生下的孩子吞進肚子裡。宙斯的母親（瑞亞），害怕么子宙斯也會被克羅諾斯吞掉，便把宙斯藏在洞窟裡，由山羊哺育。

宙斯長大後，為了拯救兄姊，故意讓父親克羅諾斯喝下藥，使他嘔吐，把肚子裡的孩子吐出來。接著，宙斯與兄姊聯手，與父親所率領的泰坦神族展開大戰，最後打贏了，取得了統治世界的權力。

天空由宙斯主宰，海洋由波賽頓掌管，**冥界**則由黑帝斯統治。另外還有女神，像是**爐灶**之神（赫斯提亞）、穀物之神（黛美特），以及婚姻之神（赫拉）。

這些第三代的神祇，除了統治冥界的黑帝斯以外，都住在**希臘**北方的**奧林帕斯山**山頂上璀璨的神殿裡。在那裡，無風無雨，終日明亮，景致怡人，永遠如春。

後來，宙斯陸續有子嗣誕生，如戰神（阿瑞斯）、火與鍛造之神（赫費斯托斯）。而主掌智慧、戰爭與紡織的女神雅典娜，則是從宙斯的額頭蹦出來，因為曾經有預言說，這個孩子將會篡奪宙斯的王位，宙斯便把雅典娜的母親吞進肚裡，所以雅典娜才會從宙斯的頭生出來，且一出生就是全副武裝的模樣。

還有一對攣生兄妹，哥哥是光明、音樂和學問之神

泰坦神族（第21頁）
泰坦神族又稱為古代神祇，在與宙斯所率領的奧林帕斯諸神大戰輸了之後，便躲到地底深處去了。

冥界
也就是死者的國度。位在太陽落下的西方盡頭，地下深處某個神祕的地帶。死去的人來到這裡，像影子一樣存在著。

阿波羅，妹妹是狩獵與守護野獸的女神阿特蜜斯。他們的誕生地是位在蔚藍大海上的一座小島——德洛斯。

德洛斯島以前有一座很大的石造神殿，來往的人潮絡繹不絕，現在只剩下荒蕪的城鎮和宮殿的遺跡。春天時，在頹圮的石柱和基台的縫隙間有鮮花綻放，蜥蜴竄進竄出。島中央有一座圓形水池，池畔有棵**棕櫚**樹，孿生兄妹就是在這棵樹下誕生。

宙斯還有一個孩子——赫爾墨斯，為傳令、商業與盜賊之神。赫爾墨斯也是從奇妙的地方生出來的，那是位於希臘南部、阿卡迪亞的庫勒涅山的某個洞窟內。至於眾神之中最美豔動人的愛情女神阿芙蘿黛蒂，則是從海面上的泡沫中誕生。

這些神祇在希臘擁有尊貴的地位，統稱為「奧林帕

爐灶

在古代，爐灶是用磚石砌成的，用來生火、加溫、烹煮食物。以前的人把爐灶看成居家生活的中心，是很神聖的場所。

斯眾神」。古希臘人認為，世間萬物之中都有神，樹木、河川、泉水、海洋或太陽、月亮、星星，都有神寄宿其中。眾神大都化身成俊美的人類，但也有像**山林之神**——潘，這種半羊半人模樣的神。

接下來要講述的，就是這些發生在眾神和人類之間波瀾壯闊的動人故事。

希臘（第22頁）

希臘是一個國家，位於歐洲東南，巴爾幹半島的南部。以伯羅奔尼薩半島為本體，由東至西分別有愛琴海、地中海、愛奧尼亞海環繞。國土的五分之一是島嶼。（請參見卷頭地圖）

奧林帕斯山（第22頁）

希臘第一高山，海拔將近三千公尺。奧林帕斯的意思是「有光的地方」。（請參見卷頭地圖）

阿波羅建立神諭之所

阿波羅是宙斯和有一頭美髮的女神麗朵所生的兒子。年輕的阿波羅擁有一頭飄逸的長髮，俊美無比。他精通音樂與箭術，在奧林帕斯眾神裡，他也特別受到敬畏和崇拜。

阿波羅擁有預言的能力，人們一碰到問題，都會去向他請示。因此，他也以預言之神之姿受人崇敬。

有一天，阿波羅為了找尋一處適合建造**神諭之所**的地點，出了遠門。

阿波羅從奧林帕斯山降臨人間，從北到南，由東至西，走遍希臘全境，卻一直找不到合適的地點。

最後，阿波羅來到南方的國度。那裡有座森林，森林裡清澈的泉水流淌。他走到水畔，只見四周長滿了嫩綠的青草，猶如鋪了一張綠意盎然的地毯。林木蒼翠，更增添了幾分清涼。泉水自黝黑岩石的縫隙中涓流而出，匯聚成一條小河。

阿波羅發現了這個地方，非常高興，決定在這裡建造屬於自己的神諭所。這時，冒出一位泉水精靈，面帶難色，對他說道：

「箭無虛發的阿波羅大人啊，雖然您打算在此建造神諭所，但是這裡是我們賴以生存的家，長途奔波的馬和**騾**，聚集在這裡飲水和休憩。人們也許會為了聽取您的神諭而群集至此，但是他們的目光可能會被那些駿馬和**戰車**吸引，反而冷落了神諭所。所以，比起這裡，位於**帕納索斯山**山腳的**德爾菲**可能更適合，因為那裡沒有往來不絕的戰車和馬群，相信您一定會滿意的。」

棕櫚（第23頁）

棕櫚，音ㄗㄨㄥ ㄌㄩˊ。聳立在沙漠中，提供旅人食物、油與遮避。自古以來即象徵著財富、勝利與光亮。

山林之神（第24頁）

也就是牧神。名叫潘，上半身是人，頭上長了兩隻

泉水精靈不希望自己的領地被占據，便努力說服阿波羅放棄這裡。

於是，阿波羅繼續旅行。他來到白雪皚皚的帕納索斯山腳下，山腳的西邊是高聳的峭壁，峽谷深不可測，河水蜿蜒流過。出了峽谷，只見一片寬闊的原野，到處長滿**橄欖**樹，再過去就是波光粼粼的海洋了。

「這裡很適合建立我的神諭之所，我要讓全世界的人都來此朝拜，我會賜予他們準確無比的預言。」

阿波羅決定在這裡蓋一座雄偉壯麗的神諭所，為此招攬了知名的建築師為其設計，希望建造出舉世讚頌的神殿。

但是，神殿附近一處美麗的泉源，自古以來就有一隻可怕的怪物**皮同**在那裡棲息，一有人靠近，牠就立刻

羊角，下半身是獸。

神諭之所（第25頁） 諭，音ㄩˋ。神諭是神要給予人類的旨意。通常，在碰到國家大事或生活上難以解決的問題時，人們就去一個能降下神諭的地方，祈求神給予指示。最著名的神諭之所是德爾菲神廟。人們來這裡向光明之神阿波羅請示神諭，再由神廟裡的女祭司負責解讀神的旨意。

將人吞噬。

阿波羅得知這件事，立即前去驅除怪物。他才一接近，皮同就從岩縫的深處現身，口吐火燄，大聲嘶吼，直衝過來。嫻熟弓箭的阿波羅隨即拉弓，朝怪物射箭。皮同被射中後，滿地打滾，發出令人毛骨悚然的哀嚎，叫聲響徹山林。過了好久，怪物終於嚥下最後一口氣死去。

「這樣一來，你這傢伙就無法再為非作歹，害人性命了。從現在起，這片土地成為我的神諭所，將永遠和平，充滿歡笑。」

阿波羅殺死怪物之後，還有一個煩惱是他不知道該讓誰來管理神殿才好。合適的人選並不容易找。就在思索時，望見遙遠的海面上有艘船，揚著帆，乘風破浪向

騾（第26頁）
馬和驢交配產下的馬科動物。體型比馬略小，膽大勇健。古希臘人用騾來載人或運送重物。

前航行。原來是希臘南方海域第一大島——克里特島人的船。

於是，阿波羅化身成海豚，游向那艘船，一躍跳上甲板。船上的人嚇了一跳，試圖把海豚推回海裡，但是海豚不肯就範用力掙扎，晃動了整艘船隻，木製的船身嘎嘎作響。船上的人好害怕，目不轉睛盯著海豚，停下了手中的划槳。於是，揚著帆的船，在風的推動之下，如疾箭般前進。

船上的人這才察覺到船正駛往陸地，然而，船舵也不受控制，只好隨波逐流。最後，船駛進克利沙平原的海灣，岸上長滿了橄欖和葡萄藤。

英勇的阿波羅從船上一躍而下，接著散發出宛如正午太陽般讓人睜不開眼睛的火燄，直衝天際。阿波羅進

戰車（第26頁）

古代的軍事車輛。古希臘人使用兩輪或四輪的車，由兩匹或四匹馬駕駛。

入神殿後，光芒立刻籠罩克利沙平原，森林、岩石、群山和峽谷都沐浴在陽光下。克利沙的居民頓時驚聲四起，個個嚇得顫抖不已。

這時，阿波羅從神殿走出來，他已變回高大俊美的年輕人模樣。他對著船上的克里特人說話：

「來自遠方的外來人啊，你們是誰？從哪裡來的？是從事海路貿易的商人，還是掠奪沿海城鎮的海盜呢？不用害怕，駛著你們那艘黑船，過來吧。」

聽了這些話，船上的人放心了。船長恭敬的回答：

「尊敬的閣下，您儀表堂堂，英姿煥發，絕非泛泛之輩，想必是位尊貴的神祇。在此向您問好，也希望您賜福給我們。我們在行駛的途中，船忽然無法操縱，就這樣漂流到了這裡，這應該是您的旨意吧？」

帕納索斯山（第26頁）

位於希臘中部，高度約兩千五百公尺。在希臘神話中，阿波羅神殿就位於這座山的山腳下。（請參見卷頭地圖）

阿波羅說話了：「來自遠方的外來人啊，我是眾神之王宙斯的兒子阿波羅。把你們帶來這裡，是為了讓你們守護我的神殿。」

船上的人聞言，大喜過望，立刻收起船帆，放下船桅走下船，跟在阿波羅彈奏的琴音之後，而後，這些人就跟隨在他身後，一起走向神廟。

德爾菲（第26頁）

位於帕納索斯山山腳下的一處遺址。這個名字據說來自海豚（兩者的希臘原文相近），因阿波羅曾化身海豚吸引克里特的航海者前來擔任最早的祭司。

黛美特尋找失蹤的女兒

穀物之神黛美特的獨生女波瑟芬妮，與海神的女兒們在綠草如茵的草原上摘花。玫瑰、番紅花、**紫羅蘭**和**鳶尾花**，還有**風信子**，各種花朵爭奇鬥豔，花香令人陶醉。天空、大地與海邊也點綴著耀眼的**水仙**。這是天神宙斯設下的圈套，目的是誘惑如花蕾般含苞待放的波瑟芬妮。

正當波瑟芬妮受美景吸引，雙手捧著摘來的美麗花束時，大地忽然裂開了，從裂縫中，冥王黑帝斯駕著馬車出現。

黑帝斯不顧波瑟芬妮的反抗，強行把她擄上黃金馬車帶走。波瑟芬妮大聲呼喊父親宙斯的名字，可是不論神或人類都沒聽見，結滿果實的橄欖樹也沒有回應。她的求救聲，只有充滿同情心的黑月女神（黑卡蒂）和太陽神（赫利厄斯）聽到。

波瑟芬妮一路呼救，悽厲的悲鳴響徹重重山巔和海底深淵，最後，終於傳到她的母親黛美特耳裡。

黛美特心如刀割，顧不得頭上的**面紗**和衣服還一團亂，就像飛鳥般奔走，在荒野、在海洋，瘋了似的四處找尋女兒。然而，沒有任何神或人類能告訴她波瑟芬妮的下落。

整整九天，黛美特緊握著熊熊燃燒的火炬，苦苦找尋。她實在太悲傷了，不吃不喝，也沒有洗澡。到了第十天，她遇到了手持火炬的黑卡蒂。黑卡蒂說：

「黛美特大人，我雖然聽到了波瑟芬妮的呼救聲，但我不知道是誰擄走了她。」

聽完後，黛美特舉起火炬，隨即和黑卡蒂一起去找太陽神赫利厄斯。等候多時的太陽神就站在他翱翔天空

橄欖（第27頁）
木樨科植物，常綠喬木，高約七到十公尺，它的果實也叫做橄欖，以鹽醃漬後可食用，也可榨取橄欖油。此外，橄欖樹枝常被當成和平的象徵。

時所搭乘的馬車之前。

「赫利厄斯大人，您會從高空俯瞰陸地和海洋，請問您是否看到我的女兒波瑟芬妮？您知道是誰擄走她嗎？」

太陽神答道：

「黛美特，我告訴妳事實吧：是那個能夠召喚雲朵的宙斯，把波瑟芬妮許配給冥王黑帝斯當王妃，讓冥王將妳的女兒擄上馬車，帶往由黑霧籠罩的死者國度。不過，妳不需要悲傷，冥王一定會是配得上妳女兒的好女婿。」

太陽神說完，立即召喚馬匹，駕馭馬車，像展翅高飛的大鳥般往高空奔馳而去。黛美特獲知真相後，大為惱火，她氣到不想再返回奧林帕斯山，也不想與其他的

皮同（第27頁）

由大地女神蓋亞所生，型態像是巨大的蟒蛇。

阿波羅的琴（第31頁）

古希臘有一種撥弦樂器，稱為里拉琴，以龜殼與牛角製造而成。演奏者把琴放在膝蓋上，以左手扶琴，再以右手撥弦。弦線大約五到十根。

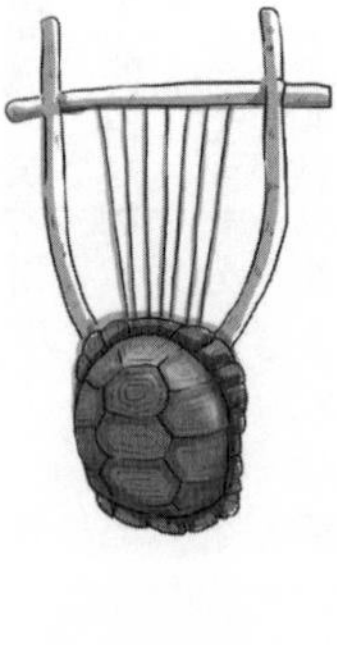

神來往。她變身為衣衫襤褸的模樣，徘徊在人間的田野與城鎮，沒有人發現她是女神。

黛美特走著走著，來到賢明的君王埃萊夫西納的宮殿外。她心情很糟，走到婦女汲水的「少女之井」旁，坐在橄欖樹下，一動也不動，那模樣，根本看不出是個女神，反而像是一名為國王照顧小孩或管理家務的管家老婦。

這時，埃萊夫西納王的四個女兒帶著水瓶到井邊汲水，她們看到蒼老的黛美特，便問：

「老婆婆，請問您是哪裡來的人？為什麼流落街頭呢？您若願意，一定有人歡迎您住進家裡。」

黛美特回答：

「感謝妳們的好意，女孩們。我被海盜擄上船，趁

紫羅蘭（第32頁）

十字花科，多年生草本開花植物。高約十餘公分。春天開花，花有白色、黃色、紫紅等顏色。盛產於地中海沿岸和歐洲南部。

著他們靠岸張羅食物的空檔逃了出來，來到妳們這兒。我不知道這裡是什麼地方，不過，我什麼都能做，無論是帶小孩、做家事或訓練女僕幹活，我都能勝任。」

聽了黛美特這樣說，其中一名女孩說道：

「老婆婆，雖然其他人家也都很親切，但請您在此稍等，讓我們先回去稟告母親，也許您可以來我們家。我們還有一個年紀很小的弟弟，如果由您負責照料，相信他一定能長成令人敬佩的人。」

黛美特點了點頭，同意了女孩的要求。

女孩在水瓶裡裝滿水，回家去了。然後她們告訴母親這件事，她們的母親下令：

「立刻把她帶過來。」

於是，女孩們滿心歡喜，走回水井旁，迎接黛美

鳶尾花（第32頁）

鳶尾科植物。原文Iris在希臘神話裡是彩虹女神的名字，又稱為「彩虹之花」。中文裡叫做「愛麗絲」。初夏開花，顏色有白、紫、黃等等。

特。悲傷的黛美特以面紗覆面，一身黑色長衫，跟在女孩們的身後。

到了宮殿，只見王妃抱著嬰兒，坐在門柱旁等待。女孩們奔向母親，而黛美特一踩上門檻，頭碰到天花板，屋內頓時發散出神祕而高雅的香氣。

見到這情景，王妃嚇一大跳，立刻起身向黛美特說道：

「您一定是出身高貴的人吧？請您幫忙養育我的孩子，我會給您一筆天下所有女人都豔羨的豐厚報酬。」

擁有一頭茂密長髮的女神黛美特回答：

「假如這是神的旨意，那麼，我一定會將他養育成了不起的人。」

說完，黛美特便把孩子接過來抱著，在國王的後宮

風信子（第32頁）

天門冬科植物。原產於地中海，春天開花，花色有紅、紫、黃、白等。名稱出自希臘神話中的一位美少年——海亞辛斯。

裡待下來養育這孩子。為了讓孩子和神一樣不增長歲數，永遠不死，黛美特每晚都把他放進火中，打算把孩子屬於人的那一部分徹底去除。

有個晚上，王妃撞見這一幕，大驚失色，立即高聲喝阻，破壞了黛美特的計畫。

黛美特很生氣，把孩子從火中拉出，斥責王妃：

「我本來打算讓妳的兒子長生不老，這下子全都前功盡棄了。我是女神黛美特，我要妳們為我和我的女兒波瑟芬妮建立一座神殿，並且崇拜我。」

黛美特變回她原本的模樣：美麗的容貌，身上散發香氣和神光，金色長髮披散在雙肩，儀容端莊。剎那間，整個室內明亮得令人睜不開眼睛。

王妃震驚過度，說不出話來。她的雙腳顫抖不止，

水仙（第32頁）

石蒜科植物。春天開花，原分布在中歐和地中海沿岸，現已繁殖成非常多種類。水仙的名稱來自希臘神話中一位美少年納西瑟斯，他愛上了自己映在水面的倒影，後來這個名字在英文裡就演變成自戀的意思。

也忘了將嬰兒抱起來。女孩們聽到嬰兒哭聲，急忙從房間跑出來，抱起弟弟，安撫著他。可是，奶媽黛美特已經離開了，因此嬰兒哭個不停。

天亮之後，國王召集了鎮上的人們，遵從黛美特的指示，在岩石丘陵為她建造一座祭壇。

完工後，眾人各自回到自己的家。可是，思女心切的金髮女神黛美特，獨自一人，滿臉淚痕，坐在原地不走。然後，可怕的事情發生了。

黛美特原本是司掌穀物的女神，由於她仍在氣頭上，閉居神殿，足不出戶，因此農作物完全無法生長。無論牛隻如何努力在田地耕耘，無論撒下再多的小麥種子都完全沒有用。黛美特的悲憤之情，使得人間陷入饑荒的危機之中。

面紗（第33頁）

為了遮掩頭部或臉部的薄布塊，通常是透明布料。

這時，天神宙斯感到憂慮，就命令有一對金色翅膀的女神伊麗絲去找黛美特。伊麗絲奉命，急忙飛向黛美特所在的神廟。

「黛美特，宙斯大人希望您能執行自己的職責，請您不要讓我為難，跟我一起走出去吧。」伊麗絲苦苦求情，但是黛美特不為所動。

宙斯陸續派遣其他神來向黛美特說情，眾神帶著各式各樣的禮物前來拜訪，卻沒有人能讓黛美特回心轉意。她心意堅決，沒有見到美麗的女兒，絕對不回奧林帕斯山，當然更不在乎穀物是否發芽。

宙斯感到無奈，只好派遣眾神之間的傳令使者——赫爾墨斯，前往死者國度，把波瑟芬妮帶回來。赫爾墨斯接到了命令，立刻從天上降落，來到深藏於地底的國度。

冥王黑帝斯和新娘波瑟芬妮端坐在王座上，思念母親的波瑟芬妮看來悶悶不樂。

「死者國度的王，黑髮的黑帝斯啊，我奉天神宙斯之命，要把波瑟芬妮從這個暗黑國度帶回地面。波瑟芬妮的母親由於悲傷過度，使得穀物發不出芽。如果弱小的人類因為饑荒而滅絕，就沒有人會崇敬我們這些神了啊。滿懷怒氣的黛美特完全不與眾神來往，現在她獨自一人，閉居在埃萊夫西納岩山的神殿裡。」赫爾墨斯說完，冥王黑帝斯轉頭，向波瑟芬妮說道：

「波瑟芬妮啊，妳可以回到妳那穿著黑衣的母親身邊，但是請不要恨我，我自認是配得上妳的好丈夫，我可是宙斯的兄弟呢。」

波瑟芬妮聽到冥王願意讓她回去，非常高興。她臨走之前，冥王偷偷讓她吃下一顆**石榴**。接下來，赫爾墨斯駕駛冥王的黃金馬車，載著波瑟芬妮，離開了死者國度。他們越過大海，橫渡河川，經過綠草如茵的谷地，

石榴

落葉喬木，高約三至四公尺。秋天結果，果實含有籽，整顆都可食用，多汁而甜中帶酸。在西方文化裡，石榴同時含有死亡和再生的意思。

即使是高聳入雲的高山也擋不住馬車前進。最後，馬車停在黛美特的神殿前。

看到波瑟芬妮歸來，黛美特馬上忘了憂愁衝了出來，波瑟芬妮也從馬車跳下，奔向母親的懷抱。

黛美特把波瑟芬妮緊摟在懷中，同時也擔心，冥王是不是設下了什麼陰謀詭計，於是問道：

「妳在死者國度的時候，沒吃那裡的食物吧？如果沒有，就不要再回去那個令人厭惡的地方，留在這裡陪我吧。如果妳吃了，那麼一年裡就必須有三分之一的時間待在那裡，直到百花盛開的春季，才能走出陰暗的地底國度，再度回到天上眾神的住所。現在，告訴我，冥王究竟是怎麼把妳擄走的？」

美麗的波瑟芬妮回答說：

「母親大人，因為聽到赫爾墨斯要帶我離開，我太高興而跳起來之際，吞下了冥王塞給我的石榴。」

然後波瑟芬妮講述了她在原野上摘水仙花時，被忽然出現的黑帝斯擄上馬車，帶往冥府的經過。

宙斯把黛美特母女召回天庭，並且裁定：波瑟芬妮在一年之中，有三分之二的時間可以在天上生活，另外的三分之一則要住在死者國度。而黛美特的心情也隨之好轉，在這之後，大地上又見到豐碩的稻穀、盛開的繁花，嫩綠的樹葉又重新覆蓋了森林。

此後的波瑟芬妮則以女兒、少女及女神的形象為人所熟知。

普羅米修斯盜火

很久以來，巨人之神普羅米修斯就覺得天神宙斯對人類毫無憐憫之心，他看到人類沒有濃密毛皮，在嚴寒中顫抖不止，因猛獸來襲而驚惶失措，茹毛飲血，瑟縮在岩洞中休憩。人類活得如此淒慘，都是因為神沒有賜予他們火種的關係。

普羅米修斯很同情人類，於是，決定到**鍛造**之神那裡偷取火種。

普羅米修斯靜待良機到來。有一天，鍛造之神（赫費斯托斯）正好離開了鍛造場，於是普羅米修斯不動聲色接近火，懷裡還包藏著**燈心草**。

普羅米修斯用燈心草的芯點起火，藏在又粗又常的莖中，轉身就從天上降落到人間。

來到人間之後，普羅米修斯立刻把人們召集過來，說道：

「看啊，我帶來了能讓你們幸福的東西。」

說完，普羅米修斯就從燈心草裡取出火種。他點燃用枯葉，接著小樹枝和高大的原木也燒起來，熊熊大火引來了人群圍觀，有人因為心生驚疑而往後退了幾步，也有人因為事出突然而驚呼。

木柴發出的聲響，熊熊火焰，火勢上方的空氣受到波動……這些聚集在周遭的上古人類因感受到火的溫暖而歡欣鼓舞。不久，聞到香氣原來是樹木果實烤熟了。

普羅米修斯從火燄中取出果實，嚐了一口，向大家推薦。

「你們只要學會了如何用火，就能成為僅次於神的強者，統治這個世界。要記得，絕對不能讓火熄滅。」

他如此教導人類。

鍛造

以高溫使金屬熔化變軟，再加以捶打造型，製造成刀劍等武器或工具。

燈心草

多年生草本植物，生長於溼地邊。莖心是空的，可吸水或油，用來當作油燈的芯。又叫做燈芯草。

在人間點起了小小的火光，這件事被宙斯發現了。

「能夠瞞過我做出這種事的人，除了普羅米修斯，別無他人。這個背叛者，哼！看我怎麼收拾他。」

宙斯受到普羅米修斯欺瞞，怒火中燒。於是就將普羅米修斯以鐵鍊綁在世上最高的山──**高加索山**頂端。

高加索山
位於俄羅斯西南部的山脈，是俄羅斯與亞塞拜然的天然交界。全長一千五百公里。標高五千六百四十二公尺高的山峰，是歐洲第一高峰。

潘朵拉的甕

另一方面，宙斯召見了赫費斯托斯（鍛造之神），命令他用泥土燒製一尊女性人偶。

其他的神都覺得這個人偶很有趣，紛紛賜下女神般的美貌、魅力、靈巧的手藝，以及隨機應變的交際能力等等給這人偶。眾神對這個成品感到相當滿意，於是將她命名為潘朵拉，意思是「收到所有禮物的女子」。

宙斯把一個小甕交給潘朵拉，並把她送往遙遠的人間，送到普羅米修斯的弟弟那兒去。潘朵拉是第一位出現在人間的女性。

早先，普羅米修斯害怕宙斯會復仇，便已告誡弟弟：

「宙斯想必會大發雷霆，他一定會報復，所以千萬不能收下他送的任何禮物。」

儘管普羅米修斯再三耳提面命，他的弟弟還是對潘朵拉一見鍾情，一如宙斯的計畫，迎娶了潘朵拉為妻。

新婚的潘朵拉勤奮侍奉丈夫，兩人生活幸福美滿。不過，她十分在意一件事，那就是宙斯為了祝賀兩人成婚所贈送的小甕。她心想：

「宙斯大人曾交代絕對不能掀開這個甕的蓋子，那他又為何要送給我們呢？稍微打開一道縫，應該沒關係吧？」

這是人的本性，越是嚴令不能打開，反而越想開。潘朵拉一開始很克制，努力不受誘惑，最後卻仍然壓抑不住好奇心，終於在某一天，趁丈夫不在家的時候，打開了甕蓋。

然而，事與願違，甕裡非但不是美麗的東西，反而

甕

音ㄨㄥˋ。一種陶製的容器，口小，腹大。古時候的人常用來裝酒。

竄出無以計數的可怕**災厄**，轉眼間飛向四面八方，不見蹤影。

潘朵拉嚇得大叫出聲，立刻蓋上甕蓋，但只剩一個還來不及飛出，被關在裡面。

得知此事的普羅米修斯無可奈何的嘆道：

「為了人類的幸福，我好不容易才把火交給了他們，潘朵拉這麼一亂，人類又陷入了不幸之中。」

原來，宙斯在甕裡放的是「猜疑」、「鬥爭」、「憎恨」和「瘟疫」等等災厄。他知道潘朵拉好奇心很重，一定會掀蓋，如此一來，剛剛學會用火的人類，幸福才到手，立刻又化為烏有。

宙斯的計謀成功了。世界在那一瞬間充滿災厄，直到現在仍然折磨著人類。

災厄

厄，音ㄜˋ。災難厄運。

潘朵拉的甕

英文裡，借用了這個故事而有一則諺語叫「潘朵拉的盒子」，用來指稱某一個引起了很多麻煩的舉動或事件。

話說回來，還好潘朵拉及時將甕蓋蓋上，因為唯一沒跑出來，還留在甕裡的是「希望」，這對人類來說真是不幸中的大幸。是以即使遭遇各種災難與不幸，只要還有希望，人們總能堅強活下去。

第二篇　英雄的成長

伊阿宋的歷險：阿爾戈號與金羊毛

現在，就讓我來講一個故事，這個故事是一名希臘英雄搭乘一艘名為「阿爾戈號」的船，展開一場尋找金羊毛的冒險之旅。這艘船可以乘載五十人，是當時世界上最大的船，而船長就是故事的主人翁——**伊阿宋**。

伊阿宋的父親原本是國王，統治一個距離**愛琴海**海岸不遠的國家——**愛俄爾卡斯**，但是被他惡毒的弟弟奪走了王位。

他深怕襁褓中的兒子伊阿宋也難逃毒手，便對外謊稱兒子不幸夭折，還舉行了喪禮，以掩人耳目。然後，他悄悄把伊阿宋送去安全的地方，並聘請名師教導。歲月如梭，伊阿宋成長為文武雙全的優秀青年。老師眼見時機成熟，便要他去討回父親的領地。

伊阿宋聽從老師的話，踏上返鄉之路。途中，經過一條河川，由於積雪消融，使得河水暴漲，只見河面上的漂流木載浮載沉，在渾濁的洶湧暗潮間互相衝撞。

這時，他不經意看到一位老婆婆佇立在長滿**蘆葦**的岸邊，望著濁流，不知所措。於是，伊阿宋決定用他健壯的身軀背負老婆婆渡河。沒想到，老婆婆看似骨瘦如柴，背起來卻好重好重。為此，伊阿宋其中一隻腳陷入泥中，他拔起腳來，卻發現腳上的**綁帶涼鞋**不見了。好不容易平安抵達對岸之後，他把老婆婆放到乾燥的地面上。這時他轉過頭，卻看見老婆婆不知何時變成一位散發著神聖氣息的女神。女神對他說：「辛苦你了，為了感謝你背我過河，日後你如果遇到困難，我會幫助你。」

伊阿宋（第55頁）
這位人物到了羅馬時代變成另一個名字，發音與希臘發音略為不同，中文譯做「傑森」。

愛琴海（第55頁）
屬於地中海的海域，位於巴爾幹半島南部和小亞細亞半島之間。愛琴海是米諾斯文明和邁錫尼文明的發祥地，也是地中海東部各種文明交流的地方。
（請參見卷頭地圖）

這位女神是宙斯的正妻——赫拉。她化身為老婆婆，來考驗伊阿宋。在神話中，神總是喜歡對人類進行各種試煉。

此時統治愛俄爾卡斯的是伊阿宋的叔叔，從前就有神諭告誡他：

「要小心一名只穿一隻綁帶涼鞋的男子。」

有一天，廣場發生了騷動。這位國王前往人群聚集處查看，看到一個長髮男子，身上裹著豹皮，個子高大，身材健壯。

國王對於這個從未謀面的男子感到好奇，正想詢問他為何來到此地，忽然注意到男子只穿了一隻綁帶涼鞋。國王從未忘記那個神諭，不由得大吃一驚。男子爽朗的對他說道：

愛俄爾卡斯（第55頁）

位於希臘的色薩利平原地區的海港城市，相當於今日的沃洛斯。崇拜海神波賽頓。（參見卷頭地圖）

蘆葦

生長於沼澤、河邊濕地的一種禾本科植物。古人把蘆葦的莖拿來製成笛子，把蘆葦穗製成掃帚，花絮可製成枕頭。

「我是您的姪子伊阿宋，這個國家的國王原本應該是我父親，希望您能將王位歸還給他。」

儘管伊阿宋希望早取回王位，開門見山提出了要求，但是他並沒有一絲怨恨。國王壓抑心中的驚訝，熱烈招待姪子。

宴席上，國王若無其事的問伊阿宋：

「假如神諭顯示，我會被某個人民殺害，換作你是我，會怎麼對付那個人呢？」

伊阿宋不假思索，馬上回說：

「如果是我，會命令他去取金羊毛皮。」

「很好。那你就去取金羊毛皮吧。神諭說想要殺我的那個人，其實就是你！」國王也立刻回應。

這下，伊阿宋不得不展開一場冒險之旅。這趟冒險

綁帶涼鞋（第56頁）

以細繩和皮革製成。在古希臘時期，只有身分高貴的人才能穿涼鞋，窮人或身分低下的人得打赤腳。

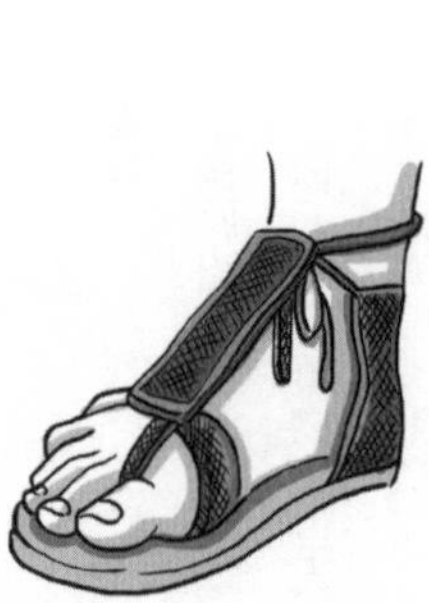

血氣方剛

形容年輕人精力旺盛，容易衝動。

雖不是出於他本人的意願，但他本是**血氣方剛**的年輕人，不甘示弱，也就立刻著手準備出發。

首先，伊阿宋找來一名船匠，名叫阿爾戈斯，命他製造出一艘巨大的船，在**船首**用**神諭森林**的聖木來雕飾，在遇到危險時，船首便會發出聲響，提醒船上的人必須謹慎對應。同時也在希臘全境招攬勇士與他同去冒險。

可是，為了一張金羊毛皮，有必要進行大冒險嗎？所以還是先解釋金羊毛皮的由來吧。

從前，有一對王子與公主，兄妹倆受盡繼母欺凌，差一點丟了命。這對兄妹的親生母親——雲之神召喚了一隻長了金色毛皮的羊，讓牠背起兄妹倆，飛向空中逃

船首

船身的最前部。以前的人認為海上有惡魔，便在船首雕刻了女神或動物形狀的裝飾以求安全。

亡。但是金羊飛得太高了，妹妹一時頭暈，墜落到海裡；哥哥飛越過**黑海**，歷盡艱辛，才抵達遙遠的**科爾基斯**，並且得到當地國王的幫助。

由於金羊很罕見，於是哥哥便把牠的毛皮獻給了神。很多人都**覬覦**它，但是只要一靠近，都會被一隻巨大的龍殺死。這隻**巨龍**不分晝夜，守護著金羊毛皮，從來沒有人能偷走。

在現代，想要從希臘的東海岸前往黑海，很快就能到達，但是當時只有划槳的小船，還得靠岸補充飲用水和糧食後才能繼續前進。這種古老的航海方式，本身就是一種冒險。

受邀同行的人，包括船匠阿爾戈斯、音樂家奧菲

神諭森林（第59頁）

指的是希臘最古老神諭之所——也就是宙斯神殿所在的多多那地區。傳說此地有一棵神聖的橡樹，宙斯藉由風吹動該樹的葉子發出聲音，賜予神諭。之後，雅典娜女神將那棵橡樹的樹幹製作女神雕像安在阿爾戈號的船頭，給了這艘船靈魂。

黑海

海域的名稱。以土耳其海峽與愛琴海相連。北以刻

斯、風神的雙胞胎兒子澤斯特和卡萊斯，還有宙斯的兩名雙胞胎之子，個個都是希臘境內赫赫有名的英雄。另外，還有兩名掌舵技術十分高超的船員，以及幾位預言家。最後加入的是海克力斯，他個頭壯碩，一跳上船，船首還重重地晃動了一下。伊阿宋把這艘船依製造者之名命為「阿爾戈號」。

在航向科爾基斯的途中，他們為了補充飲用水而與異國人發生衝突，登陸時又遇到遭野豬追逐、大蛇吞噬等等險況，有不少人死傷。

海克力斯帶來的一名少年，到陸地上去汲水時，被**水妖精**拉進了泉水池裡。為了尋找少年，海克力斯走進森林深處還是遍尋不著。他非常苦惱，但是其他人卻顧不了他，留下他就離開了。還沒有抵達目的地，就陸續

赤海峽與亞速海相連。這名字源自古希臘航海家，因為他們認為黑海海水的顏色比地中海的海水深。

科爾基斯

位於現在中歐喬治亞的一個地區，古時候為希臘的殖民地之一，盛產金、皮毛等，十分富裕。希臘神話裡，阿爾戈號的英雄便是來到這裡尋找金羊毛。

折損了幾個人。

費了一番功夫，他們才在某個海岸找到預言家**菲尼斯**，只有他知道該如何前往科爾基斯。菲尼斯因為遭受懲罰而眼睛失明，然而比起眼盲的痛苦，還有一件事更讓他感到煎熬。

伊阿宋說起此行的目的地，並且請教他該如何前往科爾基斯時，菲尼斯流下眼淚，說道：

「我可以告訴你如何前往你要去的地方，只要我知道的，我都會告訴你，包括前方的幾個難關。不過你必須答應我一件事，我希望你把怪鳥哈耳庇埃趕走。因為每當我要吃飯的時候，這些怪鳥就蜂擁而上，把桌上的東西弄得亂七八糟。害得我許多年來，連一滴水都喝不到。」

覬覦（第60頁）
覬覦，音ㄐㄧˋㄩˊ。希望得到不該擁有的東西。

巨龍（第60頁）
神話與傳說裡常出現的生物，有翅膀，從口中吐出火焰。

「好的，我答應你。阿爾戈號上的每一個人都是勇士，我們立刻為你驅逐怪鳥，讓你可以安心吃飯。」伊阿宋說完，眾人隨即準備餐點。

沒多久，兩隻鳥喙尖銳的怪鳥，拍著翅膀，飛到餐桌前，牠們揮動腳爪把桌上食物踢亂，還把臭泥巴擲向餐桌。這時，有翅膀的風神的雙胞胎兒子挺身而出，他們以不輸給怪鳥的速度，飛快追上怪鳥，而且不斷發射弓箭，終於射中兩隻怪鳥，使牠們墜海。

在阿爾戈號眾英雄的陪同之下，預言家總算能在重新清理過的餐桌前大快朵頤。他吃得心滿意足，於是就鉅細靡遺逐一說明前往科爾基斯的路線、障礙、潮汐漲退和風向。

「接下來是困難的地方。這條航線會碰到兩座對撞

水妖精（第61頁）

也稱為寧芙仙子，存在於山、海、河川、森林等大自然裡的精靈。通常會化身為年輕美麗的女子，愛好音樂和舞蹈。

菲尼斯

希臘神話裡的一位盲眼先知。他不是生下來就看不見，而是由於他洩露了天機，神便把他的眼睛弄瞎。

的岩石山。船航行到那裡時，會遇到兩座高聳的岩石山，這兩座山原本是分開的，卻會突然合為一體。岩石山周圍的巨浪滔天，往往會打翻船隻，使得船隻應聲碎裂，至今已有許多人命喪那片海域。」

阿爾戈號的成員仔細記下必須注意的事項，再三道謝，才駛離了海岸。

船隻終於來到能夠看見兩座高聳岩山的地方。只見峰頂隱沒在雲霧中，兩座對撞的岩石山，激起了滔天白浪。伊阿宋遵循預言家的指示，先放出一隻**鴿子**，讓牠飛過兩座岩山中間的縫隙。

「如果鴿子平安飛過，你們就趕緊前進，否則下場就會和以前那些失敗者一樣淒慘。」預言家如此交代。

那麼，實際的狀況如何呢？眼前，兩座岩石山的四

鴿子

在神話與聖經故事裡，鴿子常是愛與和平的象徵，並常從天國帶來消息。雅典娜女神亦曾化身為鴿子。

周掀起了驚濤駭浪，而原本分開的兩座岩山，又快速合攏起來，眼看鴿子就要被夾住，船上眾英雄緊盯著這個光景，以為至今的努力就要付諸流水，人人垂頭喪氣。然而，只見兩座岩山又緩緩地分開來。剎那間，鴿子平安飛過兩座岩石山，只掉了尾尖的一小撮羽毛而已。

眾人大聲歡呼，接著便同心協力，奮勇划槳。這時，暫時歸位的岩山再度以迅雷不及掩耳的速度撞過來，眼看著就要夾住船。希臘英雄們以為大勢已去，轉瞬間，女神赫拉出現了。她曾受伊阿宋見義勇為的精神打動，見他有危險便出手幫忙了。於是整艘船順利通過岩山，只聽到後方傳來震天動地的巨響，回頭一看，兩座岩山又合為一體了。

一切無事，眾人恢復平靜，檢查了船身後發現，只有船尾末端遭擊碎而已，紛紛向女神表示謝意，而那隻以小搏大的鴿子飛向了天空，變成星座。

這之後就沒有再碰到太大的阻礙，船隻沿河川逆流而上，終於抵達科爾基斯。

伊阿宋走到科爾基斯王面前，光明正大，毫無懼色的表明來意：

「我為了取得傳說中的金羊毛皮，從希臘遠道而來。」

科爾基斯王雖覺得這個年輕人沒有規矩，表面上仍然談笑風生。他對伊阿宋說：

「令人尊敬的希臘勇士們，你們歷經重重的試煉，終於來到這裡。自古以來，金羊毛皮便是我國的鎮國之寶，但是為了對你們的勇氣表示敬意，我願意忍痛割愛，不過我有一個條件，希望你去把**犁**套在蠻橫的牛身上，把農田翻耕一遍，再把龍的牙齒播種下去。而且，只能由你一個人獨力完成。」

「哦，這稱不上什麼難事嘛。」伊阿宋不以為意的答道。他認為自己一定能夠成功，就鬆懈了。當天晚上，有個人來拜訪伊阿宋。

犁

一種耕地的工具，以橫木和厚刃構成。農夫驅使牛或馬來拉犁，目的是把土壤翻鬆，並且在土面劃出一道道溝槽，以利播種。

這人是科爾基斯王的女兒──美蒂亞。她看到這位異國青年與國王對話時的大器穩重，對他一見鍾情。

「伊阿宋大人，明天的任務絕對不是你所想的那麼簡單。那隻牛擁有魔力，牠吐出的氣息，足以把人燒死，如果不做好萬全的計畫將無法成功，請您務必慎重考慮。」

聽了她這番話，伊阿宋臉色鐵青，說道：

「我完全不知道是這麼回事，妳有什麼解決方法嗎？只要妳願意告訴我，不管妳要求什麼謝禮，我都可以給。」

「這個方法只有我知道，如果你願意把我帶回你的國家，並與我結婚，我會很樂意傾囊相授。」

美豔動人的美蒂亞說完，不知對方是否會在這種情況下答應，內心忐忑不安，但伊阿宋馬上欣然應允。

美蒂亞是位擁有優秀魔法的女巫，她駕起由蛇所拉的戰車，無聲無息的馳騁在空中，尋訪世界上一座又一座的高山，看到草木茂盛的地方便降落下來，這邊找一株、那邊尋一枝，總算湊齊了各式藥草。然後，她把這些藥草壓榨成汁，塗抹在伊阿宋身上。

隔天，科爾基斯王率領家臣來到寬廣的農田上，伊阿宋也由船員們陪同，前來會合。那頭由鍛造之神（赫費斯托斯）打造的牛也在田裡，發出巨大的聲響，銅製的蹄踢著腳下的土，鼻子噴出的火燄，把周圍的青草都燒焦了。阿爾戈號一行人不禁擔心起隊長的安危。

然而，隊長伊阿宋連**鎧甲**都沒穿，只見他徒手抓住牛的犄角，逼迫牠低頭，就這樣把犁套在牛身上，他走在牛後面，驅趕著牠耕田，同時也注意不要站在下風處被牛的鼻息給灼傷。

鎧甲

也叫做盔甲，是古代軍人穿在身上的防護用具。

國王不知道女兒昨晚預先為伊阿宋塗上了不怕火燄的藥，他又惱又恨，於是指派了下一個任務：播種龍牙。國王遞給伊阿宋一個袋子。

伊阿宋把袋子裡的龍牙種下田後，從土裡長出一個接一個的戰士，全副武裝、殺氣騰騰地朝伊阿宋走來。同行者心想這次隊長真的沒命了，擔心得不得了，都把雙眼閉上，不敢多看。這時，伊阿宋拾起一塊石頭，砸向戰士，結果，這些戰士們不知道石頭是誰扔出來的，彼此猜忌，自相殘殺，直到只剩兩、三人，伊阿宋才出手殺死剩餘的戰士。

國王沒想到伊阿宋竟能完成困難的任務，只好依約把金羊毛皮送給伊阿宋，但是他內心盤算著，這天晚上要放火把阿爾戈號燒掉。

墜入愛河的美蒂亞，惦記著情人的安危，她看穿父親的算計，於是趕在太陽下山之前，跑到伊阿宋的住處，把他帶到有龍看守的漆黑森林內。當晚沒有月亮，高處卻散發著矇矓的光芒。

「掛在**橡樹**上的，就是金羊毛皮。有那隻龍看守著，一般人根本無法將它取下。我會用昨天製作的藥水讓龍睡著，那時你再趁機爬上樹，把羊皮拿走。」

美蒂亞說完，便往龍靠近。那隻龍的腳趾像樹幹一樣粗壯，銅爪很銳利，牠感應到人的氣息接近，就睜開了雙眼。伊阿宋雖然站在遠處，但是被巨龍這對宛如**熔爐**般的赤紅雙眼一盯，頓時感到脊背發涼，恨不得逃離現場。

然而，美蒂亞絲毫沒有動搖，她誦唸咒語，灑出藥水，不久，巨龍的頭垂了下來，身體往地面一倒，呼呼大睡。空氣中傳來波波巨龍聲若洪雷的打呼聲。

伊阿宋得到美蒂亞的幫助，順利爬上樹，取走金羊毛皮。他把毛皮夾緊在腋下。然後，兩人手牽著手，拚命往前跑，最後終於抵達河邊。

橡樹（第69頁）

櫟屬植物，常綠喬木。樹身直挺，樹根往下深扎，樹葉的邊緣形狀圓滑，生長茂密，風吹時會發出沙沙聲。木材耐用堅固，廣為使用在建築、家具和造船上。古希臘人常常把高大威嚴的橡樹跟天神宙斯聯想在一起。

在河邊，阿爾戈號的船員已經等候多時，隨時可以出航。夜幕低垂，低沉卻有力的划槳聲響起，船隻有如離弦之箭，在漆黑的河面上，飛速順流而下。

「父親打算夜襲，絕對不會沒有注意到船隻突然不見了，各位請奮力划槳吧。」

美蒂亞也加入划槳行列，不遺餘力，最後船隻終於駛入大海。

國王發現這群外地人全都逃走了，氣得捶胸頓足。而且，屋漏偏逢連夜雨，不但女兒不在旁邊，連兒子也不見人影。國王立即走出宮殿，大聲下令艦隊出發，一路追趕。很快的，國王的船隻便出現在阿爾戈號的後方。

「好不容易才得到了寶物，就要在這裡前功盡棄了

熔爐
熔煉金屬的爐子。把含有金屬的礦石放入熔爐裡燒，可將鐵或銅等金屬熔煉出來。熔爐的溫度有時高達一千兩百度。

嗎？」

勇士們長吁短嘆。這時，船尾出現了一個人。那人是美蒂亞。她在追兵面前，把尾隨自己出航的弟弟拖了出來，然後拿出刀，殺死了弟弟，還把他的身體砍碎，扔進海中。伊阿宋一時間反應不過來，來不及阻止。而緊追在後的國王看到這一幕，雙手掩面痛哭。

國王讓船停下來，潛入海裡，拾回兒子身軀的碎塊。阿爾戈號趁著這時擺脫追兵，順利逃走了。

船行駛到塞壬女妖的島嶼附近。塞壬是一種妖怪，擁有女人的面孔和鳥類的身軀，她的歌聲具有魔力，足以摧毀堅強的意志，來往這段水路的人們常常因為聽了她的歌聲而失神，導致船隻觸礁沉沒，然後被得逞的女妖吃掉，從來沒有人在靠近這座島後還能夠生還。

這時，伊阿宋叫來知名的音樂家奧菲斯，拜託道：

「預言家菲尼斯曾經說過，在這片海域上最難以抵擋的阻礙，就是塞壬的歌聲。她的天籟歌聲猶如帶著劇毒的花，會讓人沉淪其中，不可自拔，只有你能與她的歌聲對抗，希望你能竭盡心力，把縈繞在我們耳朵裡的女妖歌聲驅除掉。」

奧菲斯是知名的豎琴高手，他的琴藝高超，能使猛獸馴服，惡浪平息，就連死者國度的冥王聽了，都忍不住流下淚來。

奧菲斯彈奏起令人心曠神怡的優美樂曲。船隻駛近了女妖所在的島嶼不久，眾人就看到女妖坐在礁岩上，她正唱著引人入迷的歌，於是奧菲斯換了一首節奏輕快的曲調，以對抗塞壬的歌聲，然後曲風一變，又變成狂風驟雨般的激情樂曲。聽到這首樂曲，船員們頓時充滿活力，奮勇划槳。

划著划著，逐漸駛離了塞壬的島嶼，直到完全看不見。伊阿宋命眾人停止划槳，暫時休息。他們回頭看，只見島嶼籠罩在白茫茫的濃霧中。這時，有一名船員由於所坐的位置離奧菲斯最遠，還是受到了女妖的歌聲誘惑，竟然跳下船，往島嶼游去。想到這名船員可能遭遇的下場，同伴們不禁悲從中來。不過，也有人對於自己能夠逃出魅惑心神的歌聲而感到欣喜。

這段經歷之後，阿爾戈號遭逢了暴風雨，漂流到遙遠南方的克里特島。當船隻駛近了島嶼，美蒂亞力勸眾人，先不要急著登陸。

「守衛這座島的是一個銅人，每天會巡邏島嶼三次，他力大無窮，而且刀槍不入，唯一的弱點是他的腳後跟，只要攻擊那裡就能置他於死地。這個任務，就交給我吧。」

這時，從克里特島上略微隆起的山丘上，傳來轟隆聲響。眾人抬頭一看，只見一個高大如巨人的銅人，正舉起一顆顆像一頭小牛那麼大的岩石，朝海面丟過來。岩石落海，發出震耳欲聾的聲響，頓時波濤洶湧，船身激烈晃動，驚險萬分，萬一船隻不幸被擊中，恐怕連一刻都支撐不了。

美蒂亞獨自一人登陸到島上，她以溫柔的聲音安撫銅人，設法勸誘他：

「雖然你有強大的力量，但是你無法像神一樣擁有不死之身，讓我來替你注入血液，實現你的願望吧。」

銅人四肢發達，頭腦簡單，輕易就被美蒂亞的花言巧語所迷惑。他的體內只有

一條血管，在腳後跟用一根釘子堵住，不讓血液流出。美蒂亞知道這個祕密，謊稱要替銅人換血，就拔掉他腳後跟的釘子。釘子一拔出，血立刻流個不停，銅人就這樣死在他的血所染紅的岩石上。

阿爾戈號雖然折損了幾名成員，最後總算平安回到愛俄爾卡斯。伊阿宋依照約定，把金羊毛皮交給叔叔。但是，叔叔收下後卻**佯裝**忘了這件事，完全不打算交還王位。而且，伊阿宋年邁的父親在伊阿宋離開的期間也被叔叔害死了。

美蒂亞看到丈夫傷心欲絕，便擬定了復仇計策。她去找那幾位與她素不相識的國王的女兒，贏得她們的信任，自稱能讓國王返老還童，接著，美蒂亞就把一隻老羊放進鍋裡燉煮，然後施以魔法，結果再出現的是隻小

佯裝

假裝。佯，音一ㄤˊ。

羔羊。國王的女兒們也依樣畫葫蘆，把國王放進鍋裡烹煮，可是她們不會施魔法，也不懂咒語，最後國王沒有活著從鍋裡走出來。

儘管國王不是好人，但是美蒂亞的手段也過於殘酷，人民心生恐懼，還是把伊阿宋和美蒂亞趕走。

希臘的英雄人物晚年大部分都過得非常淒慘，伊阿宋也不例外。後來，美蒂亞與他離婚了，他們兩人所生的兩個兒子也意外身亡，最後伊阿宋沒能取回國土，也居無定所。他上了年紀以後，皮膚失去昔日的光澤，雙眼混濁不清，獨自一人在各國流浪。

有一天，伊阿宋來到海岸，看到岩石的陰影處有一艘似曾相識的船隻殘骸。

「啊，沒想到是阿爾戈號，真令人懷念啊。」

這時，伊阿宋的腰已無法挺直，他爬上這艘與他自己一樣老朽的船，撫摸著船舷和帆柱，充滿**緬懷**之情。之後，他就在船上睡著了，也許還做了一個出海冒險的美夢。這時，腐朽不堪的船首掉落下來，毫無聲響，砸中了他的頭，最後伊阿宋便在睡夢中離開了人世。

緬懷（第77頁）

緬，音ㄇㄧㄢˇ。遙想、追念的意思。

特修斯的鍛鍊

特修斯生長於雅典附近的海港**特羅曾**。他在外祖父的宮殿裡長大，深得母親和外祖父的疼愛，想要什麼就能得到什麼，雖然每天都過得很快樂，但是他不像別人一樣有父親在身邊，讓他感到十分寂寞。

在他小時候，每一次為了想和父親見面而苦苦央求母親時，母親總是說：「你不能見到他是有原因的，等你長大後就可以去找你的父親了。在此之前，先好好磨練自己的武藝吧。」而母親從來沒有透露過任何有關父親的事情。

特修斯從很小的時候起便在一位優秀的老師教導下，全心鑽研學問和武藝。特修斯非常崇拜大力士海克力斯，希望自己能成為像他那樣的英雄，因此，當其他的孩子玩得不亦樂乎時，他還是**心無旁騖**的磨練武藝。

特修斯快滿七歲時的某一天，海克力斯曾經來到宮殿拜訪。那次，特修斯率領一群孩童進入宮殿大廳，只見身為國王的外祖父正與客人在用餐。孩子們才踏進大廳，便大聲尖叫，爭先恐後逃了出去。特修斯一看，原來是客人的身邊有一頭長了利爪的獅子，正趴在地上呼呼大睡。

年少的特修斯，直盯著獅子，且不動聲色、悄悄的退後，直到**中庭**。而後他從男僕手中拿來一把**雙面斧**，猛力朝獅子劈下。

但是那頭獅子並不是活獅子。原來，海克力斯先前擊殺這頭巨獅之後，走到哪都一直把牠的皮戴在頭上。這次，和他一起吃飯的人——特修斯的外祖父是他的摯友，所以他才暫時脫下獅皮放在身旁。

特羅曾（第79頁）
希臘南部的一個港口。這裡的人崇拜海神波賽頓，特修斯的祖父為了要讓大家喜愛這個孫子，就謊稱特修斯是海神的兒子。

心無旁騖（第79頁）
騖，音ㄨˋ。意思是只專注於一件事上，沒有掛念其他的事物。

海克力斯十分欣賞特修斯，即使這個小男孩把皮毛誤認為是活獅子，卻也展現出過人的勇氣。海克力斯摸著特修斯的頭，讚許道：

「了不起，勇氣可嘉，你將來一定會成為偉大的人。」

特修斯知道眼前這位就是自己一向崇拜的海克力斯，高興得快跳起來。經過這件事後，他比以前更勤於鍛鍊。很快的，他的實力遠遠超過了同齡的孩子。不，應該說，連大人都比不上他。到了十六歲生日這天，特修斯的強大已經舉世無雙，在**拳擊**賽中，再也沒有人能贏得了他。

某一天，母親把特修斯帶上街，來到一處像祭壇般聳立的大岩石前方，對著他說：

中庭

在建築裡，中庭是指由四周建築物圍繞而成的一片空間。中庭可以設置成花園、噴泉池、廣場，或者就只是空地。

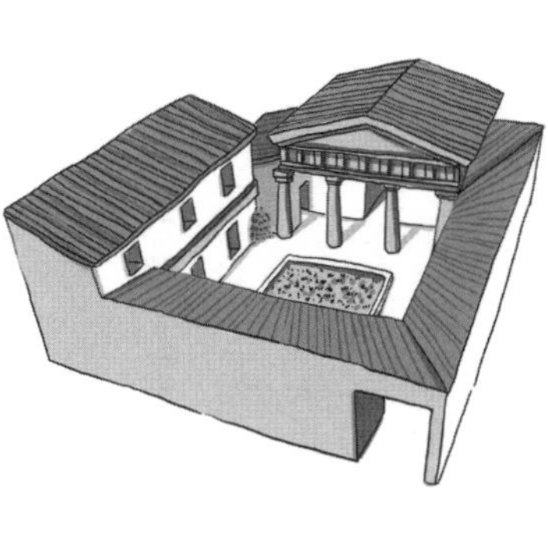

「特修斯，你試試看，能不能搬動這塊岩石。」

特修斯不明白母親的用意，不過看母親一臉嚴肅，他還是出手去推岩石。他「喝」的一聲大叫，便將岩石推開，底下出現一雙黃金涼鞋以及一柄華美的劍。

母親拿起這兩樣物品，抱在懷裡，然後淚眼汪汪的說道：

「你終於長大，可以獨立了。我不知道該開心還是悲傷。因為你必須離開我，去到你父親那裡。現在你可以去了，特修斯。」

特修斯聽到這句話，眼睛發亮。母親出手制止他，繼續說道：

「一直以來都要你忍住不要問你父親的事。現在，是時候讓你知道了。你的父親是**雅典**的埃勾斯王。因為

雙面斧（第80頁）

斧頭是用來劈砍木柴的工具，也當成武器使用。若是在兩面都裝上刀刃，就成為雙面斧頭。在希臘神話中，雙面斧頭是米諾斯宮殿的特殊象徵。

某些原因，在你生下來之前，你父親就把撫養你的責任託付給我，然後就離開了。他曾經說過，等你長大到可以獨力把成年男子也推不開的大岩石推開，並取出埋在下方的劍和涼鞋時，就可以去雅典找他了。去吧，兒子，把這兩樣信物帶在身上，去找你的父親吧！我相信，你即將踏上的這條道路，是一條為了替世人創造幸福的正確道路，我衷心祈禱你成功。」

在一場盛大的歡送會結束後，特修斯離開了充滿回憶的宮殿，步伐輕快的踏上前往雅典的旅程。

在古代的希臘，旅行不是一件小事，旅人永遠無法預料前方有什麼困難，往往必須先解決阻擋在前的各種陷阱或怪物。因此，特修斯的這一趟旅行，可說是一場鍛鍊自我的試煉之旅。

拳擊（第81頁）

古希臘盛行的一種雙人競賽。一對一進行，戴上皮手套，不使用任何武器，以手擊打對方，誰先被擊倒在地就輸。傳說中，這是由希臘英雄特修斯所創的健身與競賽方式。

舞棍手

阻礙果然很快出現了。第一個阻擋在特修斯前面的是「舞棍手」。舞棍手擁有**無與倫比**的怪力，能耍弄巨大的長鐵棒，將路過的旅人擊倒在地。不過，特修斯一眼就看穿舞棍手的弱點在腳部，他躲過對方的揮擊，將他撲倒，舞棍手就在被壓制的情況下，遭特修斯用自己的鐵棒打死。

海克力斯在達成他的第一項偉業後，終生把獅子的毛皮帶在身邊，因此特修斯也效法他把鐵棒帶著，片刻不離。只不過，由於他所專精的是拳擊，所以這根鐵棒實際派上用場的次數也就**寥寥無幾**。

雅典（第82頁）

名稱來自希臘神話中的雅典娜女神。雅典是今日希臘共和國的首都，自古以來就是希臘的政治與文化中心，擁有許多歷史遺跡和藝術作品，其中最著名的是帕德嫩神廟，這是古希臘人祭祀雅典娜女神的地方。

扳樹賊

特修斯遇到的第二個挑戰是「扳樹賊」。

這個人經常潛伏在路旁的暗處，只要有旅人經過，就把高大的松樹扳彎至地面，然後逼對方抓住樹梢的枝椏。當旅人筋疲力竭而鬆手的瞬間，就會隨著松樹彈出去，像高飛球般被拋往空中，最後落地身亡。有時候，這個扳樹賊甚至會把旅人的左右手分別綑綁在兩棵松樹上，然後手一鬆開，松樹彈回原處，旅人就慘遭撕裂成兩半。

這次，扳樹賊也逼迫特修斯抓住松樹的枝椏，但是特修斯故意裝作聽不懂，表現出可憐兮兮的樣子，拜託道：「我不知道該怎麼做才對，你可以示範一次給我看嗎？」

無與倫比

沒有其他事物能與它相比。

寥寥無幾

寥，音ㄌㄧㄠˊ。形容非常少。寥寥可數。

扳樹賊對於又來了一個新的犧牲者，內心竊喜，熱切的教導說：

「你像我這樣，手緊緊抓著就對了。」

在伸手握住了枝椏的瞬間，特修斯趁機把他壓制在松樹上，然後迅速往後退開，扳樹賊眨眼間就被拋向空中，死在自己所設計的殺人方法下。

飼龜人

特修斯繼續上路，不久，來到緊鄰海面的一處斷崖。聽說斷崖上只有一條狹窄的小路通行，路上住著一名男子，常常強迫路過的旅人為他洗腳，而當旅人彎下腰，俯身要為他洗腳時，他就會突然朝對方的胸口一踢，大喊：

「出來吧，**海龜**！吃飯的時間到了。」

旅人突然被踢飛，驚聲尖叫，頭下腳上，直直墜落海面，當落海的旅人頭部浮出水面，往上看時，發現有個高大的影子從頭上罩了下來。原來是他從崖下墜落時的哀嚎聲，吸引了一隻又老又巨大的海龜過來，欣喜的接受了天下掉下來的飼料，旅人再怎麼掙扎求生也於事無補。

特修斯暗自在心底宣誓，絕不能讓這麼殘酷的人再留在世上害人。於是，趁著這男子出腳時，特修斯緊緊抓住，將他扳倒在地，兩手抓著他的腳，再以他過人的巨大怪力把男子舉到半空耍了幾圈，最後將他拋下海。海裡的大海龜不知道掉下海的人就是提供牠人肉的飼主，只顧著張口一吞，就悠然游走了。

接下來的旅程，特修斯接連除掉了幾個壞蛋，包括一隻吃人的豬、一個逼路人與他較量之後再將其勒斃的壞傢伙，接著他來到一個名叫「鐵床匪」的壞人住的地方。

海龜

海洋龜類的總稱。為了有利於在海中游動，海龜的殼為扁平狀，腳像是魚鰭。

鐵床匪

鐵床匪住在大路附近，每當有旅人經過，他都會上前，裝出親切的樣子，邀請對方到他家住一晚。在那個時代，出遠門的人只能露宿荒野，若是遇到有人邀請到家裡過夜，當然是求之不得，所以旅人都會滿心歡喜的住進鐵床匪的家。當身材矮小的旅人躺上寬敞的床，熟睡之後，鐵床匪就把旅人綑綁住，用鐵鎚咚咚咚的將人打扁拉長，直到他符合床的尺寸。

萬一旅人的身長超過了床的尺寸，鐵床匪就用剪刀咔嚓咔嚓剪斷旅人身軀，真可以說是殘忍至極。

這會兒，特修斯來到了鐵床匪的住處，假裝睡著，等候時機，一躍而起，依鐵床匪的方法殺死了他。

就這樣，特修斯的兩隻腳還沒踏進雅典城，他四處行俠仗義的事蹟就已先傳到了雅典城內。

與父親會面

特修斯的父親——雅典王埃勾斯，不久前才新婚。他娶的是與取得金羊毛的伊阿宋離婚的魔女美蒂亞，並且立她為王妃。

當美蒂亞得知那名傳聞中四處除惡的勇者就是國王的獨生子特修斯，很擔心國王會將對她的關愛轉移到兒子身上，因此苦思對策。她打算在國王還不知道之前，先殺死特修斯。美蒂亞曾遭前夫背叛，深信國王一旦與兒子相認，對自己的愛一定會減少。

美蒂亞對國王大進**讒言**：

「那個年輕人可能是為了取您的性命而來，請您小心。」

美蒂亞看到國王因猜忌而一臉鐵青，便趁勢追

讒言　壞話，挑撥的話。讒，音ㄔㄢˊ。

擊：

「我有一個好方法。您覺得假藉表揚他的功績，賞他一杯毒酒如何？那杯毒酒就由我來調製，只要他喝下，保證很快就會全身發熱而死。」

對美蒂亞來說，製作毒酒完全不費吹灰之力。國王對她**言聽計從**，於是召見特修斯進宮。特修斯完全不知道自己身陷危機。

國王看到特修斯，心裡想著：「我也曾有兒子啊，十六、七年前，他還沒有出生，我就離開他了。那是真實發生過，或只是一場夢呢？啊，那是好久以前的事了。」當然，他也無法認出眼前的人就是自己從來沒有見過面的親生兒子。

特修斯挺直身軀，抬起久經日曬而顯得精悍的

言聽計從
對於某人所說的任何話毫不懷疑、乖乖照著做。

臉，凝視著埃勾斯王，心想：

「小時候，不知有多少次在夢中呼喊父親，每次一喊出聲，就立刻醒了過來。父親果然如母親所說的，是個了不起的人，但也已上了年紀，不過父王您請放心，從現在起，您所有的辛勞都由我來替您分擔吧。」

國王望著特修斯，感嘆道：

「真是儀表非凡的青年啊，傳聞不虛，真希望我也有一個這樣的兒子！」

美蒂亞眼見國王心生動搖，當下決定加快腳步實踐陰謀，於是開口說道：

「年輕人啊，你的各項功績實在令人敬佩，請喝下這杯獻給你的祝賀之酒吧。」

美蒂亞滿面笑容，端起盛滿了酒的杯子，勸特修斯喝下。特修斯接過酒杯，先祝賀國王身體健康，然後舉起酒杯。就在這時，國王看到特修斯身上配戴的劍，心想：

「那把長劍的劍柄，似乎在哪裡看過。難不成，怎麼會？哦，我不會看錯，劍上刻了雅典王室的蛇紋家徽，出自名匠之手。對了，那不就是當年我埋在特羅曾大岩石下的劍嗎？」

國王眼見特修斯正把酒杯舉向嘴邊，趕忙出手把杯子打掉。酒杯裡的液體與紫色泡沫瞬間流淌在地上。酒裡有毒！海克力斯從死者國度帶回來的地獄犬唾液帶有劇毒，滴落在地便長出了草，美蒂亞就是用那毒草榨取汁液，製成毒酒。含有劇毒的液體滲入地面，轉眼間地板便因為腐蝕而變成一片焦黑。後來，雅典王室把這片遭腐蝕的地板保留下來，用來告誡後人毒藥的可怕。

「啊、啊！」年老的國王內心悸動不已，喘著氣說：

「你是誰？你的母親叫什麼名字？把你身上的劍和涼鞋拿來給我看！」

特修斯看著老國王，口氣堅定的回答：

「我是您的兒子特修斯，我遵循母親的交代前來找您。」

「啊、啊！」國王再度激動了起來，說道：

「沒想到，到了這個年紀我還能和兒子重逢！我高興得說不出話來了。神啊，感謝您賜予我這麼好的禮物！長年以來，我自嘆沒有兒子，對您充滿怨恨與不平，今天我要向您慎重道歉。」
老國王緊緊握住兒子的手，再也不願讓他離開身邊。
國王舉辦雅典史上最盛大的祭典，向人民宣布他有了繼承人。祭壇上擺滿精心準備的供品，熊熊燃燒的火堆周圍，聚集了無數的雅典民眾，一同歌頌這位見義勇為的王子，也為國王擁有出色的後繼者獻上祝福。
那麼，魔女美蒂亞的下場如何呢？
美蒂亞眼看自己的詭計失敗了，立刻匆忙離開宮殿。她施魔法飛上天空，逃出雅典。失意的美蒂亞返回了遠方的故鄉，從此隱居，此後就再也不曾聽說有誰被她設計下毒了。

驅逐怪物

年輕的特修斯協助父親處理政務，為人民四處奔波，建立了不少功業。
然而，沒多久，卻見向來心情很好的國王愁眉不展。城裡的人們也顯得一臉悲傷，總是交頭接耳，不知在說些什麼。國王一開始不願意說出實情，但是，禁不住特修斯的追問，終於道出眾人愁眉苦臉的事由。

事情要追溯到很久以前。在希臘南方的海域，有一座名為**克里特**的大島，島上國王米諾斯的一個兒子曾經造訪雅典，但是卻被埃勾斯設計害死。

米諾斯怒不可遏，要雅典付出代價。因此，每隔九年，雅典必須挑選七名少年和少女當作祭品，送到克里特島上的迷宮，成為迷宮裡的怪物——米諾陶洛斯的食物。

這頭名為米諾陶洛斯的怪物，是由米諾斯的王妃所生，有牛的頭和人的身體，力量大得可怕。米諾斯對他

克里特島

位於地中海北部的島嶼，島上多山，平地則種植橄欖與葡萄。西元前二十一到十五世紀之間出現的「米諾斯文明」，是比希臘與歐洲文明都更早的人類文明紀錄。

引以為恥，就命令著名的工匠**戴達洛斯**建造一座讓人進得去出不來的迷宮，將米諾陶洛斯關在裡面。這座迷宮裡的路徑錯綜複雜，連建造者本人也不知道如何走出來。

特修斯聽說雅典的少年少女要被送往遙遠的大海另一端獻給怪物，他深深體會父親與人民的悲傷。今年，剛好是第三次必須獻上祭品的那一年。

特修斯不忍被選中的孩子在與雙親分別時的萬分悲愴，於是決定要隨同他們一起前往克里特島。

「如此毫無人性的事，不能再繼續發生，這件事交給我，我一定會擊敗米諾陶諾斯。」

國王堅決反對，他才剛與兒子相認，共享天倫之樂不久，怎麼能眼睜睜看著他去送死？

戴達洛斯

希臘神話中的一位工匠，出身雅典，後來前往克里特島，興建了迷宮。有個故事說他用羽毛和蠟為兒子伊卡魯斯製作了翅膀。他告誡兒子不可飛太低，否則翅膀會沾水，也不可飛太高，否則蠟會被太陽融化。但兒子沒有聽勸，越飛越高，後來翅膀融化，墜海而死。

但是，不管國王如何強烈反對或是低聲懇求，特修斯都聽不進去。最後，國王無奈，只好答應：

「好吧，就讓你去吧。假如你平安回國，記得要把船上的黑色帆布換下，改掛上白色帆布，我會每天站在城牆上眺望，期待你的船回到港口。」

國王再三囑咐，然後不情願的把白帆交給船長。即將航向死亡的孩子們所搭的船，早已先掛上了黑帆。

特修斯選了兩名看起來像女孩般纖弱，卻十分有力氣的少年，吩咐他們混進五名少女當中。

送行的父母與孩子們個個聲淚俱下，船上和碼頭上都是緊偎在一起的身影。黑帆揚起來了，船纜解開了，搭載著生者的「出殯之船」，緩緩朝著克里特島的方向駛去。

克里特島的米諾陶洛斯

特修斯一行人抵達了克里特島。國王米諾斯為了確認雅典人是否依約送上獻祭品，親自登船，他的態度不可一世，又輕賤人命，使年輕的特修斯無法忍受，兩人起了衝突。

米諾斯國王很生氣，說道：

「不過是雅典的王子，竟然如此囂張？你可是第一個膽敢反抗我的人。我把手上的戒指丟進海裡，我要你去撿回來，如果做不到，就乖乖趴在地上向我道歉吧。你若不道歉，我就把你第一個丟進米諾陶洛斯的迷宮。」說完，國王便把他戴在手上的戒指脫下，丟進海裡。大海遼闊，想找回一只小小的戒指，難如登天。

「沒問題。如果我找到戒指，你就得為自己的失禮向我道歉。」

特修斯撂下這句話之後，便誠心向他的守護神──海神諸神祈禱，祈求他們幫助他渡過眼前的難關。

祈禱完畢，他立刻躍入大海。這時，一群海豚游到他身邊，背起他，游向海洋女神的宮殿。與此同時，許多海洋生物齊聚海底，一起幫忙尋找戒指。單憑人類一己之力無法完成的難題，得到了大夥兒的幫助，終於在海底找到了閃閃發亮的戒指。

海洋女神對特修斯說道：

「這個送你，將來可以戴在你的新娘頭上。」說完，便把一頂鑲滿了璀璨寶石的頭冠送給他。

特修斯一手拿著約定要帶回的戒指，另一手拿著誰都沒料到會有的華美頭冠，從分成左右兩邊退開的海浪之中走了出來。國王米諾斯一臉不悅，然而在他後方的座席上，有個人目不轉睛凝視著特修斯威風凜凜的身姿。

她是國王的掌上明珠，美麗動人的雅里阿德妮公主。公主看多了那些在父王面前**阿諛**諂媚的人，因此，當她見到這名堂堂正正又深具男子氣概的異國年輕人，覺得他格外出類拔萃，情不自禁愛上他。

所以要她眼睜睜看著這位年輕人被當作米諾陶洛斯的祭品吃掉而什麼都不做，

那是不可能的。就算要犧牲自己同父異母的兄弟，她也打算不顧一切去幫助特修斯。

太陽落下後，公主偷偷跑到特修斯一行人所在的地方。少年少女仍在為了明日即將被獻祭而淚流不止。不遠處，月光從雲縫間照射下來，只見特修斯單獨一人，雙手抱著胳膊，陷入沉思。

公主得知特修斯打算擊殺米諾陶洛斯的決心之後，提議：

「不管怪物米諾陶洛斯再怎樣凶暴，憑你的身手，應該能夠輕易戰勝牠。真正的難關在於你不知道迷宮的出口在哪裡。事實上，就連建造者戴達洛斯本人也無法在沒做記號的情況下走出迷宮。到目前為止，還沒有人能活著走出來。

阿諛

讀作ㄜ ㄩˊ。說一些好聽的話或做某些事來討好別人。

「不過，幸好戴達洛斯曾經告訴我破解的方法。總之，你先收下這顆毛線球，你走進迷宮的時候，記得要把線綁在入口大門內側的門把上，你一邊前進，一邊放線，回程時只要循著線往回走，就能平安走出迷宮。」

特修斯向美麗的公主表達由衷的謝意，並且問她想要得到什麼樣的謝禮。

「如果你能從迷宮走出來，可以帶我一起回雅典嗎？我協助你殺死米諾陶洛斯，父親知道了，絕對不會饒恕我。」

特修斯點頭答應，取出海洋女神送他的那頂裝飾著寶石的頭冠，當作愛情的信物。特修斯把冠冕送給雅里阿德妮，誠心誠意答覆道：

「這頂頭冠是海洋女神從愛情女神那裡獲得又轉送給我的，很適合戴在新娘的頭上，我想把它當作謝禮送妳。如果我能擊敗怪物，我會把你和那些此刻正擔心受怕的少年少女一起帶回雅典。我相信父王和人民一定會欣然同意妳我結婚。」

當晚，雲層很厚，特修斯和公主兩人悄悄行動，一會兒隱身在樹蔭下，一會兒躲在岩石旁，就這樣來到怪物米諾陶洛斯所在的迷宮。公主「鏘」的一聲把大門打開，特修斯趕緊把公主給他的毛線球線頭綁在大門內側的門把上。然後，公主留在原地，特修斯帶著那把從「舞棍手」手上拿到的鐵棒和一柄短劍，一路放線，向迷宮深處走去。

「只要擁有戴達洛斯傳授的毛線球，就一定能夠返回大門，就算得在黑暗中與怪物搏鬥，我也不害怕，況且還有溫柔善良的公主在外面為我祈福。」特修斯內心想著，一步一步走進迷宮深處，越走越深、越走越深，然而本來應該是伸手不見五指的迷宮裡，卻忽然變得明亮。

那光芒來自公主頭上那頂頭冠的寶石。在光芒籠罩下，特修斯頓時覺得勇氣百倍。

「有了諸神的庇佑，根本用不到鐵棒。一路走來，我不都是憑藉自己的一雙手？那頭牛雖是世人公認的怪物，但是也不過是頭牛而已。上吧，特修斯，向前邁進吧！」

這時，只見一隻人身牛頭的巨大怪物，從鼻孔噴吐出烈火般的灼熱氣息，牠感應到有人接近，發出震耳的嘶吼聲，揚起塵土，直直衝過來。

特修斯敏捷的轉身，避開了怪物的突襲。一眨眼間，只見他抓住牛角，使出渾身力量，把怪物按倒在地。幸好有寶石的光芒照耀，如果是在漆黑的環境下，他根本無法找到怪物的要害，更談不上用配戴在腰間的短劍給予致命的一擊，或者至少也得耗費更長的時間才能做到。

轟的一聲，米諾陶洛斯在特修斯的腳邊倒了下來，傷口不斷噴濺出溫熱的鮮血。

打倒怪物，接下來要走出迷宮。剛才搏鬥時，特修斯一時沒抓好毛線球，使得毛線球散了開來，費了一番功夫，才把毛線再次捲成一捆，並沿著毛線朝入口的大門走去。

在回程的路上，寶石散發出朦朧的光芒，引導特修斯往正確的方向走。當他終於走出迷宮，渾身浴滿敵人的血，雅里阿德妮公主見狀，欣喜若狂的撲向他的懷

裡。

但是此刻不是談情說愛的時候，兩人趕緊手牽著手，一路穿越灌木林，奮力奔向海岸。來到海邊，浪濤聲不絕於耳，他們終於看到前來接應的船。早已脫逃出來的少年等候在那裡。兩名喬裝成女孩的少年，也協助五名少女逃出來，在此守候多時。

少年少女已事先把其他停靠在港口內的船隻底部都鑿了洞。這是工匠戴達洛斯先前傳授給公主的策略，如此一來，國王即使想派出艦隊追捕也無計可施。

他們運氣不錯，這時月亮正好被厚重的雲層遮住。在夜色掩護下，眾人加快划槳的速度，迅速駛離克里特島港口。

當克里特島終於消失在水平線的另一端，筋疲力盡的划槳手們總算放下心來，決定在一座小島上休息。

公主在這段時間精神一直緊繃著，這下終於可以放鬆了。睡意襲來，她在茂密的樹叢下鋪了一張墊褥，還沒躺下，就這樣坐著墜入夢鄉。

直到大家要集合的時間，特修斯和同伴等了半天，遲遲不見公主的身影。大家猜測公主可能被島上的野獸給吃掉了。他們害怕敵人追上來，只好駕船駛離小島。

儘管特修斯不是故意要拋棄公主，但心情仍然無比沉重。他想到公主在千鈞一髮之際幫助了他，對於他擊敗怪物這件事有莫大的功勞，他還送她頭冠，把她當作雅典王妃的最佳人選。特修斯惦記著這些事，竟然在返回故鄉的港口前忘了父親曾經交代他，若是安全返鄉，就要掛上白帆。

說到特修斯的父親埃勾斯王自從兒子離去後，每天都站在高聳的山城，眺望雅典港，苦心等候著特修斯歸來。這天，他發現有船隻出現了，他凝神細看逐漸駛進港口的船，想知道船帆是什麼顏色，但他竟然看不清楚。船再靠近一些，他想，是白色的帆嗎？哦，不，船帆竟然是黑色的。「果然還是失敗了……」，國王跌坐在地，精神委靡。

國王心想，時隔多年才現身在他面前的兒子，不僅英俊挺拔，還具備一國之主應有的責任感，自己這才要享受天倫之樂，兒子卻主動要求出海去當祭品。國王回憶著與兒子短暫相處的點點滴滴，不禁悲從中來，老淚縱橫。活了大半生，好不容易能與心愛的兒子一起生活，到頭來卻像只是做了一場短暫的美夢。埃勾斯王萬念俱灰之下，從城牆上一躍而下，葬身於洶湧澎湃的浪濤之中。這片大海，從此之後被命名為愛琴海（意為「埃勾斯海」）。

在樹下酣睡不醒的雅里阿德妮公主後來怎麼了呢？

當她睜開眼睛，周遭不見人影，停靠在海邊的船隻也消失無蹤，她在島上轉了半天，終於領悟自己已被拋棄在這座無名小島上。她萬萬沒想到，自己如此深愛特修斯，還幫了他許多忙，結果卻遭他拋棄。雅里阿德妮感到驚懼不安，想到意中人如此薄情而淚流不止。

「為了特修斯，我背叛父王，逃離國家，還把同父異母的兄弟給害死，我不惜犧牲一切協助他，沒想到他從頭到尾就只是在利用我。可是，話說回來，他若是利用我，為什麼要送這麼珍貴的頭冠給我？難道他不是故意拋棄我？要不然怎麼會留下如此貴重的東西呢？」

公主心緒紛亂，哭到淚水都乾了。這時，**酒神**戴奧尼索斯正巧經過，他深深受雅里阿德妮吸引，不久，兩人結婚了，還生了很多孩子。讀到這裡，各位應該感到放心了。在夏季的夜晚，抬頭看見閃爍著白色光芒的半圓形**星座**，古希臘人都相信那是與雅里阿德妮一起升天的頭冠。

另一方面，特修斯進了港口後，才知道由於他疏忽忘了掛上白帆，竟導致父親投海自盡，他感到懊悔不已，意志消沉了好一陣子。但是，眾人勸他，國家不可一日無君，因此他強打起精神，繼承了父親的王位。後來，他平定了**阿堤卡**和雅典的叛亂，政績卓越，博得名

酒神
據說也是宙斯的兒子。古希臘人認為酒神握有葡萄酒的力量，也有散布歡樂的感召力，會定期舉辦盛大的狂歡儀式來祭祀酒神。

君與賢王的讚譽。

至於那艘把特修斯從克里特島平安載回來的槳帆船，過了幾百年之後仍然得到妥善的保存，被當作勝利的象徵，只要遇到值得紀念的節慶，都會公開展示。

後來，特修斯參加了阿爾戈號遠征、加入**卡呂冬擊殺野豬的行動**，並前往征伐女戰士之國亞馬遜。他的英勇之名在希臘可說是無人不知、無人不曉。

隨著特修斯出名，崇拜他的人也多了起來，其中包括**拉比塔伊族**的領袖——庇里托俄斯，兩人相識的經過頗為特別。

有一天，庇里托俄斯偷走了特修斯的牛，特修斯趕去追小偷。就在快要抓住小偷的那一剎那，小偷忽然轉

星座（第107頁）
古時候的人夜晚仰望星空，把一群位置相近的恆星聯想成某一人物或物件，這些恆星組合就稱為星座。目前流傳下來的星座名稱，許多都是以希臘神話裡的人物來命名。

阿提卡（第107頁）
位於希臘中部的一個地區，傳說中，特修斯最早統一了包含此地的雅典周邊地區。由於阿提卡擁有大理石與銀礦等豐富資

過頭來，盯著特修斯看，特修斯也停下腳步，觀察著對方的動靜。兩人面對面，動也不動，緊盯著對方。

最後，彼此都佩服對方的氣魄，使得原本緊繃的場面緩和下來，兩人不約而同笑了起來。

「請逮捕並降罪於我吧，由你來抓我，那真是再好不過了。」特修斯聽了庇里托俄斯這麼說，回答道：

「不，這是一場誤會。我覺得我們可以變成很好的朋友！」說完，特修斯兩手張開，緊緊抱住對方。從此以後，兩人果真成為好朋友，一起打仗，一起冒險。

過了很多年，他們經歷了許多事，兩人的妻子都過世了。這一天，他們談到如果要再婚，應該要娶世上最美的女子為妻才對。

「既然要再婚，我看不上庸脂俗粉，要娶就娶最美

源，支撐了雅典的繁榮。（請參見卷頭地圖）

卡呂冬擊殺野豬

卡呂冬王國的國王忘了祭拜狩獵女神阿特蜜斯，女神一氣之下，放出一頭大野豬去野地裡破壞農作物。卡呂冬的王子召集各路英雄前來協助，終於將野豬殺死。

的女子。就算娶不到女神，能娶到宙斯與人類生下的女兒也不錯。」庇里托俄斯提出了這種大不敬的論調。

特修斯不假思索，贊同朋友的提議，決定迎娶宙斯的女兒**海倫**，於是，兩人合力把海倫拐騙過來。可是海倫還只是個孩子而已，特修斯只好把她託付給在特羅曾的母親，請她代為照顧。

至於庇里托俄斯，也想娶宙斯的女兒為妻。他看中了冥王黑帝斯的王妃波瑟芬妮。於是，他拜託特修斯陪他去死者的國度，拐回波瑟芬妮。特修斯很講義氣，便答應了。

特修斯是一國之主，長久以來身為眾人的表率，治理國家，可是他竟然為了朋友而參與這種荒唐事，於是懲罰很快就要降臨在他頭上。

拉比塔伊族（第108頁）

古希臘的一支民族，居住在色薩利山裡。上半身是人，下半身是馬。勇武善戰，曾參加特洛伊戰爭，他們的事蹟常出現在希臘的詩歌與文學作品裡。很多參加了阿爾戈號的英雄就是出身拉比塔伊族。

海倫

海倫是天神宙斯與女神麗妲的女兒，非常美麗，公認為是全世界最美的女子。特洛伊王子帕里斯愛兩人前往死者國度，一路順遂，他們找到洞窟入口，沿著漆黑的小路往下走，很快就抵達了**遺忘之河**。

平常負責看守這條河的擺渡人見到有外人要硬闖進入冥界一定會大聲斥喝，把人趕走，但是這天擺渡人卻一語不發，帶著這兩人渡過遺忘之河。凡是渡過了遺忘之河的人，都會忘掉他生前的一切，而且無法再返回地面。

無論生者或死者都懼怕的地獄之犬，此時也只乖乖躲在暗處，發出低沉的吠叫。這兩人意氣風發，昂首闊步，走向神殿。

不過，天神宙斯早已洞悉一切，他先前已告知冥王這兩人的計畫，於是，冥王佯裝不知，靜靜等候兩位不懷好意的訪客。無論是誰，只要知道有人想拐跑自己的

上了海倫，與她私奔，因而引發了特洛伊戰爭。

遺忘之河

也稱為忘川。希臘神話裡說到，死者國度的入口有五條河，它們分別是仇恨之河、苦惱之河、火焰之河、嘆息之河，以及遺忘之河。喝了遺忘之河的水之後，就會把活在人世時的所有事情都忘掉。

妻子，想必都不會輕易放過對方吧？

「卑鄙無恥的人類啊，看我怎麼懲罰你們。」冥王氣極了，盤算著對策。

「兩位遠道而來辛苦了。但是兩位的壽命未盡，還可以活很長的時間，怎麼會想到冥界來呢？哦，先不提這個了，既然都到了，就請好好參觀吧，等一下我請波瑟芬妮出來接待兩位。」冥王熱情招呼他們坐著等待。

兩人毫不起疑，坐了下來，完全不知這張椅子正是「忘卻之椅」，坐上去之後會讓人失去記憶。兩人一坐下，果然就把到今日為止的所有冒險經歷、所有需要處理的政務、需要治理的國家與人民，甚至連為了什麼原因要前來死者的國度全都忘得一乾二淨，簡直像是自出生以來就坐在這裡似的，一動也不動。坐到後來，屁股像是生了根，黏在椅子上，根本無法起身。哦，不，更準確的說，他們是連如何起身都忘記了。

經過了一段漫長的歲月。

如果不是海克力斯為了要把地獄之犬帶到地面而來到冥界，湊巧看見這兩人的身影，特修斯至今可能仍然坐在那裡。

海克力斯看到坐在忘卻之椅上的特修斯，立刻抓住他的手，使出怪力，一把將他拉起。由於他的巨大力量遠勝過椅子的魔力，特修斯從椅子上跳了起來，搓揉著他不知因何疼痛的屁股。

海克力斯使力猛搥特修斯的肩頭，責備他說：

「你離開太久了，雅典國內亂成一團。」

這麼一搥，把特修斯槌醒了。他回想起一切，迫不及待想回國，於是海克力斯去向冥王懇求：

「這傢伙一時糊塗，禁不起朋友的**慫恿**，做了傻事，但他其實是處事嚴謹、很有禮貌的人，絕不是故意冒犯您，請您寬宏大量，原諒他吧。」

事實上，冥王本來就考慮要原諒特修斯了，況且海

慫恿
讀作ㄙㄨㄥˇ ㄩㄥˇ。
在一旁鼓勵煽動的意思。

力克斯披著獅皮、揮舞棒棍的模樣，嚇壞好多剛剛死去不久的亡魂，冥王巴不得他趕快離開這裡，於是爽快同意讓特修斯回到地面。

不過，當特修斯表示，他想帶走庇里托俄斯，冥王斬釘截鐵的拒絕：「這個主謀膽大妄為，滿肚子壞水，如果放了他，誰知道他以後又會對眾神做出什麼事來？」而拒絕了這個要求。

特修斯長期不在國內，他的王位遭人篡奪，而海倫的哥哥們為了帶回遭拐走的妹妹，大肆破壞雅典。

百姓的家園遭到毀壞，無不怨聲載道，已不像從前那樣尊敬特修斯了。特修斯好不容易建立起來的名聲，由於這次荒唐的行徑而付之一炬。

特修斯自十六歲以來，擊退了無數壞人和怪物，為了讓人們獲得幸福而四處奔波，這時他已年老體衰，家鄉的人們也不再歡迎他，他只好一個人踏上流浪之途。

最後，特修斯來到亡父的出生地，一座名為**斯基摩斯**的小島。小島的國王是個表裡不一的人，假意要招待他遊覽島上風景，卻把毫不知情的特修斯誘騙到險峻的斷崖邊緣，將年老的特修斯推落斷崖下，結束他的一生。

斯基摩斯島

位於愛琴海中部的島嶼，傳說中英雄阿基里斯退出特洛伊戰爭後，也曾躲在該島上。（參見卷頭地圖）

柏修斯的經歷

很久以前，有個富裕的國家**阿果斯**，國王叫阿克瑞希斯，他膝下無子，只有一個女兒，名叫達娜葉，然而國王仍非常渴望能有兒子繼承王位，於是他來到神殿，請求神諭給予指示。

神諭卻告訴他：

「你命中注定無子，而且將來還會被外孫殺死。」國王聽了大吃一驚，不想讓預言成真，就把女兒幽禁在不見天日的青銅之塔底層。

天神宙斯在高空從頭到尾觀看這一切。宙斯同情公主的遭遇，便化成金雨，從狹窄的窗戶潛入地下室，與公主同眠。不久之後，達娜葉公主便生下一個白胖的男嬰，並為這天神之子取名柏修斯，偷偷在幽暗的房間內撫育著。

但是，嬰兒的哭聲終究遮掩不住，達娜葉生下男嬰的消息很快就傳到國王的耳裡，國王當下很想處死嬰兒，不過這嬰兒終究是自己的女兒所生，不忍心下手，最後，他把她們母子倆關進一只牢固的木箱，投入河川，這麼一來，只要木箱漂到海上，肯定會遭浪濤吞噬。

在漆黑無光的陰沉夜晚，木箱在海面上載浮載沉，猶如扁舟。木箱裡，公主緊緊抱著嬰兒，含著淚，低聲哼唱著搖籃曲：

不幸的孩子啊，
就算你受殘酷的命運擺弄，
囚禁於漆黑的木箱，

阿果斯

位於希臘南部的伯羅奔尼薩半島，是一座重要的歷史城市，土壤肥沃，自古就有人類居住，也留下了邁錫尼文明的遺跡和神殿。

即使冰冷的海水弄濕你頭髮，
風聲呼嘯不止，你也毋須害怕。
我會在你身邊，陪伴你安然入睡。
安睡吧，我兒。
平息下來吧，大海！
不要再掀起驚濤巨浪，不要帶來任何災禍。
宙斯大人，請您保佑我們母子平安吧。

（古希臘詩人**西莫尼德斯**）

達娜葉深信宙斯一定會守護孩子。她唱著唱著，實在是太疲憊，不知不覺睡著了。不知過了多久，暴風和滔天惡浪總算平息下來，木箱終於漂到一座島嶼的海岸邊。

西莫尼德斯
古希臘的抒情詩人（西元前五五六年～四六八年），他創作了很多獻給神的讚美詩、哀悼死亡戰士的詩歌，以及墓碑上的墓誌銘。

這座島嶼名為**塞里弗斯**。有個漁夫正在海邊撒網捕魚，他發現木箱，打開箱子一看，發現木箱裡竟有個美麗的女子抱著沉睡的嬰兒，嚇了一大跳。但嬰兒天使般的睡容深深打動了他，於是漁夫連忙將兩人帶往家中，妥善照料。

就這樣過了好些年，這位人品高尚的漁夫，把柏修斯教養成**文質彬彬**、品德高尚又兼具武藝和運動技能的傑出青年，放眼整座島都無人可比。

斬除蛇髮女妖梅杜莎

統治那座島的國王企圖強娶達娜葉，因而覺得她的兒子（年輕的柏修斯）非常礙眼，於是策劃了一個惡毒的計策。

塞里弗斯島

位於愛琴海的一座島嶼。島上有個古老傳說是人若見到梅杜莎的頭就會石化，而從海面往島上望去，據說還真的看得到好幾個如人形般的岩石。

文質彬彬

形容一個人舉止文雅又有禮。

國王的計策是這樣的：

某一天，國王舉辦了一場盛大的宴會，邀請島上的人都來參加。受邀前來的賓客，在向國王請安時，必須獻上貴重的見面禮。可是，由窮苦漁夫撫養長大的柏修斯根本拿不出像樣的東西當禮物。

柏修斯只得兩手空空前來，心懷不軌的國王**調侃**他說：

「你應該帶了貴重的禮物來吧？」

柏修斯不甘示弱：

「今天我不小心忘記了。過幾天，我會帶一份不輸任何人的禮物送您。」

這時，旁邊有個臣子搭腔，語帶嘲諷：

「哈，那真是再好不過，該不會是蛇髮女妖——戈

調侃
讀作ㄊㄧㄠˊㄎㄢˇ。用言語戲弄或挖苦嘲笑。

爾貢的首級吧？」

「沒錯！正是蛇髮女妖的首級！」

柏修斯高聲回敬對方。話一喊出，他驚覺自己中了對方的**激將法**，但是反悔已經來不及了，大臣們聽到他的回答，無不大聲叫好。

國王見柏修斯中了自己設下的圈套，顯得相當愉悅，心想，柏修斯能不能找到女妖都很難說，就算真的找到，他也會賠上一條命。如此一來，就沒有人能阻礙他強娶達娜葉。想到這裡，國王不禁偷偷笑了起來。

話說，蛇髮女妖究竟是什麼樣的怪物？據說她們是可怕的怪物三姊妹。其中一個名叫梅杜莎。凡人只要被她們看上一眼，就會變成石頭，相當恐怖。她們的頭髮是幾千條蛇，手上長著銳利的鋼爪。三姊妹中，只有梅

激將法

一種溝通手法，利用對方不服輸的心理，使用刺激性的話語促使對方出兵或行動。

杜莎跟人類一樣會死亡，其他兩人則是不死之身。那麼，她們到底棲息在哪裡？要如何才能擊敗她們？根本沒有人知道。

柏修斯因為一時氣憤，竟然輕易就中了敵人的詭計，沒有後路可退，他假裝毫不在意地離開了宮殿。

向來天不怕地不怕的柏修斯這時也不禁感到惶恐不安，他獨自一人坐在島上的小山丘，不知道該如何解決難題。

就在這時，驍勇善戰的女神雅典娜出現了。

「打起精神來，柏修斯，你可是宙斯的兒子啊！為了助你順利完成任務，父親派我送來一把利劍，這是眾神從前與巨人作戰時所使用的劍，由鍛造之神竭盡心力打造而成。你就用這把劍砍下梅杜莎的首級吧！還有，這雙涼鞋已施了魔法，可以讓你跟神一樣擁有飛翔的能力，帶你飛到世界盡頭。趕快穿上涼鞋，出發吧！」

女神繼續叮嚀了許多事，首先要柏修斯先去找灰魔女。

灰魔女三姊妹是三個步履**蹣跚**的老婆婆，三人共用一顆眼珠和一副牙齒。來找灰魔女是要來向她們打聽，水精靈——寧芙仙子住在哪裡。

柏修斯不動聲色，來到灰魔女住的地方，行動緩慢的灰魔女三姊妹正為了誰先使用眼珠而爭執。結果一不小心，眼珠掉在地上，柏修斯趁機撿起眼珠，大聲說道：

「想要拿回眼睛的話，就告訴我寧芙仙子住在哪裡。」

「無論你想知道什麼，我們都會告訴你，請把眼珠還給我們吧。」三個老婆婆異口同聲向他懇求，並詳細說出寧芙仙子所在之處，於是柏修斯就把眼珠歸還給她們。

「謝啦！」

蹣跚 讀作ㄇㄢˊ ㄕㄢ。走路一拐一拐的樣子。

他大聲向對方道謝，繼續踏上旅程。他照著指示，找到寧芙仙子的住處。仙子們沒料到來訪的年輕人如此英俊，非常驚喜，於是洩露了原本不該洩露的消息，告訴他找到蛇髮女妖的路徑。

這時，眾神的傳令使者赫爾墨斯也現身來幫忙。赫爾墨斯送他一雙有翅膀的涼鞋，穿上這雙涼鞋就能在空中翱翔。接著赫爾墨斯縱身一躍，潛入地下裂縫，向冥王借來一件隱身斗篷，還有一個用來裝梅杜莎首級的袋子，一起送給柏修斯。

寧芙仙子們依依不捨，目送柏修斯離去。他穿上有雙翼的涼鞋，身體飄浮起來，像鳥兒般飛向天空。

一眨眼，便看不清地面的原野，不知不覺間，連綿不絕的群山也逐漸消失了。柏修斯的影子映在一望無際的潔白雲海上，偶爾有幾朵雲翻滾。

最後，柏修斯來到世界的最西邊。

抵達這裡，他覺得周遭染上一層古怪又悲傷的色彩。他降落到地面，看到眼前是一整片人類、野獸和草木形狀的岩石構成了「石林」，這一切都是蛇髮女妖造成的，這表示柏修斯已相當接近她們的巢穴了。

「雅典娜大人，請您保佑我能斬殺梅杜莎，平安回到母親身邊。」柏修斯非常虔誠的向女神祈禱。他的祈禱，傳到了一直勉勵著他的女神雅典娜那兒，雅典娜很快就出現在他面前。

「屬於你的這一刻終於來臨。請你要不辱天神宙斯之名，勇敢戰鬥！要記得，找到那蛇髮女妖三姊妹中的梅杜莎，你絕對不能直視她，否則瞬間你就會變成石頭。我把這個**盾牌**送給你，你可以從盾牌的倒影看她，再趁機砍下她的頭。話說回來，她本來是絕世美女，只因為太狂妄自大，膽敢對我失禮，才會被我變成現在這副醜陋的模樣。

聽好，你務必要在她睡著時出擊，一次就將她斃

盾牌

一種兵器，可抵擋刀劍，用來保護自己。古希臘時期，士兵已經開始使用青銅製作的盾牌。

命。萬一失敗的話，就很難再用盾牌映照出她的身影。」

柏修斯聽從女神的指示，把袋子繫在腰間，披上隱身斗蓬，四周一下子陷入黑暗。柏修斯的身影融入黑暗裡，消失無蹤。

他舉著盾牌，摸索前進。啊，找到了，找到了，那應該就是傳聞中的蛇髮女妖吧？盾牌上映照出三個酣睡的女妖。他稍稍探前一看，即使是勇敢無畏的柏修斯也不禁小小地喊了出聲，「啊！」

梅杜莎全身上下覆蓋著龍的鱗片，手上長著尖銳的**青銅**利爪，背部則滿佈黃金鱗甲，最可怕的是她的頭髮。梅杜莎雖因熟睡而沒有發現有人接近，不過，她的頭髮可能還是感應到了人類的氣息，柏修斯手上像鏡子

青銅
一種合金，通常是銅、錫與鉛的混合物質。在世界各地的古文明中都曾發現青銅製成的器具。古希臘的青銅文明主要出現在邁錫尼。

般明亮的盾牌上，映照出幾百條吞吐著血紅色長舌的毒蛇，昂首瞪視著，嚇得柏修斯差點把手中的盾牌掉落到地上。

「女神大人，請賜予我力量。」

他再度向女神祈禱，頓時感到充滿力量。接著，他緊盯著映照在盾牌上的女妖影像，舉起劍，使盡全力揮砍下去。轉瞬間，只聽到「啊！」的可怕哀嚎聲頓起，鮮血四濺，梅杜莎的首級應聲掉落在地。柏修斯藉由盾牌的反射，找到血海中的首級，打開腰間的袋子，別過臉，把沉重的首級裝進袋裡，隨即飛向空中。

柏修斯披著向冥王借來的斗篷，得以隱身。他回頭看，只見另兩名蛇髮女妖因聽到了梅杜莎的慘叫聲而醒來，氣急敗壞，四下尋找兇手。柏修斯已把梅杜莎的首級裝進袋子，而梅杜莎的鮮血仍然不斷滲出來，滴滴答答的血一落地就變成一條又一條毒蛇。

蛇髮女妖循著血腥味以及毒蛇的線索，很快就追趕上來，她們銳利的爪子眼看就要抓到柏修斯的背了。

千鈞一髮之際，雅典娜又向柏修斯伸出援手，拉了他一把。另外，赫爾墨斯也奉宙斯之命，把魔法涼鞋的速度加快一倍。這麼一來，女妖再也追趕不上，她們的嘶喊和爪子的金屬聲響很快便消失在遙遠的後方。最後女妖無奈的放棄報仇。

從女妖手中逃出的柏修斯，為了履行他與國王的約定，從天上一路趕回島上。柏修斯無日不思念著遠在故鄉的母親，不知在他離開那麼長的一段時間裡，意圖不軌的國王有沒有趁機故意為難母親呢？

正當他胡思亂想之際，只見眼前是一望無際的沙漠。毒辣的陽光下，沙漠颳起了熱風，使人頭暈目眩。他飛行將近一天的時間，總算在黃昏時越過了沙漠，耳邊傳來有如天籟般的波浪拍岸聲。

來到海邊，他逐漸下降，在本來應該是沒有人煙的礁岩之間看到人的身影，還以為是錯覺。他到底看到了什麼呢？

原來，在潮起潮落的海岸上有名美麗的少女，她的全身赤裸，而且手腳被鎖鍊綑綁在礁岩上。少女虛弱得連求救聲都發不出來，那楚楚可憐的模樣打動了柏修斯。

柏修斯趕緊跑過去，用鋒利的長劍斬斷少女身上的鎖鍊，搶在她跌入海之前將她抱在懷裡，問她：

「美麗的女孩啊，是誰對你做出如此殘酷的事？請告訴我，讓我為你討回公道！」

這突如其來的年輕男子說話聲讓少女嚇了一跳，趕緊以重獲自由的雙手撥動她濕透的長髮去遮蓋裸露的身體，不安的環顧四周。

柏修斯這時才想到自己身上還披著冥王的隱身斗篷，連忙把斗篷脫下。

少女看到青年突然出現在眼前，再次驚嚇不已。

「你是誰？為何如此不幸？可以告訴我發生什麼事嗎？」柏修斯的熱心詢問打動了少女。少女定下心，娓娓道出：

「那麼，請聽我說吧。我是安卓美妲公主，父親是統治此地——**衣索比亞**的國王，我的母親是卡西歐佩王妃，因為母后自認比海洋女神還要漂亮，得罪了女神，得把我當活祭品獻給海神，讓海怪吃掉。我如果繼續待在這裡，最後就會讓岩石般巨大的海怪吞下。」

柏修斯溫柔的安撫安卓美妲：

「原來是這麼一回事。我是柏修斯，剛剛斬殺了蛇髮女妖。我的外祖父是希臘地區的阿果斯國王。咦？海浪怎麼突然變洶湧了，難道是海怪躲在裡面嗎？沒關係，這裡的事讓我來解決。妳趕快躲在岩石後方吧。為了妳，無論遇到多麼危險的事，我都不怕。」話說完，巨浪已迎面撲來。

柏修斯打開繫在腰間的袋子，別過頭去，然後拿出梅杜莎的首級，等待海怪上岸。洶湧澎湃的浪濤間傳出可怕的連連嘶吼，海怪從海中出現，張開血盆大口想一口吞噬柏修斯。柏修斯「喝！」的一聲大喊，然後把沉

衣索比亞

現在的衣索比亞是位於非洲東部的一個國家，當時指的是埃及南方，由黑人組成的各個國家。「衣索比亞」於希臘語中意味著「被太陽曬黑的臉」。

重的女妖首級對準海怪。

結果呢？海面上，張著大嘴的海怪，看見了女妖首級，瞬間變成了石像。直到現在，在當地海岸，還看得到那座大石像和曾綑綁著安卓美妲的岩石兩相對望。

這時，公主從岩石後方走出來，牽起柏修斯的手，對他說：

「感謝你的見義勇為，讓我帶你去王宮吧。我的父母一定會支付你豐厚的謝禮。」

「沒關係。」柏修斯緊緊握住公主的手，回答她：

「比起豐厚的謝禮，我真正想要的是妳。我對妳一見鍾情，為了妳，我連命都可以捨棄。」

就在這時，來了一支隊伍，他們是為了弔唁遭海怪吞噬的公主而來。奔跑在隊伍最前方的是王妃卡西歐佩，她因為自己的狂妄無知使得女兒成了活祭品而悔恨交加，都快要發瘋了。

這時，國王、王妃和臣子看到公主平安無事，旁邊還陪著一位英俊的青年，都喜出望外。

眾人立刻為他們舉辦盛大的婚禮。

但是柏修斯並不打算待在這裡，他沒有忘記母親還在遙遠的故鄉等著他回去。於是，柏修斯帶著新娘，搭上前往塞里弗斯島的船隻。船和船員都是衣索比亞國王替他們準備的。

柏修斯一行人浩浩蕩蕩回到島上。長時間的旅程，讓他的身軀變得精實無比。他緊抿著嘴，不發一語，步履沉穩地向前邁進，島上的人們紛紛讓路給他通過。當他走進漁夫的小屋，卻沒看到母親的身影，他一聽說母親遭國王的臣子強行帶走，都還來不及向漁夫打聲招呼，就匆忙趕往王宮。

王宮這時正在舉辦酒宴。國王一心認定，被他逼入險境的柏修斯絕對不可能活著回來，因此，在諂媚的臣子簇擁之下，即將和達娜葉結婚。國王紅光滿面，開心的舉杯。

柏修斯逕自進入酒宴會場。他的面貌比出發之前顯得更精悍，沒有人能立刻認出他，直到有個人突然站起身，喊了出來：

「咦？那不是柏修斯嗎？」

「沒錯，我是柏修斯！我把禮物帶回來了，請收下吧。」

柏修斯打開腰間的袋子，拿出梅杜莎長滿蛇髮的首級，在國王的面前展示。

國王眼見來者不善，趕緊起身逃跑，但與那些高聲呼救，同時向大門逃竄的賓客，以及一群躲在桌椅下的臣子一樣，轉瞬間都變成了石像，連端著魚料理的宮廷御廚和餐桌上的烤豬都不能倖免。

柏修斯救出了母親，擁立長年照料他們母子的漁夫當國王，並與公主在島上一起生活。

柏修斯把涼鞋、袋子、隱身斗篷和長劍一一歸還諸神。至於梅杜莎的首級如何處置呢？如果一直放在身邊，不小心看到首級的人都會變成石頭，十分危險。為了杜絕危險，柏修斯把首級獻給了雅典娜女神，雅典娜將梅杜莎首級鑲嵌在盾牌上，當作裝飾品。

不久，柏修斯前往故鄉阿果斯。他雖曾受到那樣惡意的拋棄，但是，出於血緣的牽絆，柏修斯還是想與外祖父相認。一方面他想讓長年無法返國的母親回家，二來也想與從未謀面的外祖父見面，告訴他自己斬殺蛇髮女妖的事蹟。

可是，身為國王的外祖父從未忘記預言的告誡。因此，當他得知那個會殺死他的外孫不但成了斬殺蛇髮女妖的英雄，而且正在前來拜訪的路上，嚇得趕緊逃到鄰國去了。

然而，人的命運終究還是應驗了神的預言。鄰國的國王為了歡迎阿果斯王，舉行了競技大會，這時柏修斯正好經過。

柏修斯參加了**五項競技**，其中一項是擲鐵餅。他一不小心把鐵餅丟得太遠，砸中了阿果斯王的腳跟。國王連一聲都來不及哼，就倒了下去，自此再也沒醒過來。

神諭在多年之後終究還是成真了。柏修斯為自己的失誤所釀成的悲劇感到非常難過，但是眾人一致認為，既然這是神的旨意，再難過也沒有用，紛紛安慰他，柏修斯的情緒才總算稍微平復。

但是他無法完全釋懷。就算是出於神的旨意，他畢竟還是殺死了親人，這是無法抹煞的事實。柏修斯深懷罪惡感。後來他與表兄弟交換國家，成為**梯林斯**的國王。他用巨大的石材築城，與安卓美妲生下許多孩子。他的後代子孫裡，有一位正是希臘首屈一指的英雄海克力斯。英雄的結局大都很淒慘，唯有柏修斯安享晚年，並且把國家治理得有條有理。

後來，宙斯把他流落在人間的這個兒子柏修斯、安卓美妲公主、王妃卡西歐佩和海怪都拉到天上，成為星座。當我們抬頭仰望冬天的夜空，可以看見凶狠的海怪（鯨魚座）、嚇得發抖的安卓美妲（仙女座）和一臉悲傷的卡西歐佩（仙后座），而就在她後方的衣索比亞王

五項競技（第135頁）

古希臘人非常重視戰士的教養，男子平日都要鍛鍊身體，從事各種練習，也要參加各種競技。其中有五項比賽特別重要：摔跤、賽跑、跳遠、擲標槍、擲鐵餅。

克甫斯（仙王座）旁邊，正是左手高舉梅杜莎首級、右手揮舞長劍的柏修斯（英仙座）。

梯林斯

位於阿果斯附近，根據希臘神話，這裡是英雄海克力士出發完成他十二項偉大事蹟的地點。這座城市在《荷馬史詩》裡出現過，曾經被認為只是個傳說。直到十九世紀才挖掘出遺址。

海克力斯的功績

海克力斯是天神宙斯的兒子，他的身形魁梧，有著茂密的鬍鬚，以身披獅子皮、手持木棒的形象為世人所熟知，是希臘首屈一指的大英雄。

故事從他還是嬰兒時就已開始。天后赫拉得知宙斯又和別的女人生下孩子，非常憤怒，就把兩條毒蛇放進新生兒的**搖籃**裡。

眾人驚恐不已，沒有人敢出手抓蛇，只見剛出生沒多久的海克力斯突然站起來，兩手各抓住一條蛇，三兩下就把蛇活活捏死。這故事說明了海克力斯從出生就注定將會經歷不平凡的人生。

不過，天后赫拉看到海克力斯的不凡，心中的恨意更加強烈。宙斯為了平息赫拉的怒氣，趁著赫拉睡著時將海克力斯放在她的懷裡，於是還只是個嬰兒的海克力斯吸吮了赫拉的乳房，可是他吸得太用力，使得赫拉痛到驚醒過來，一把將他推開，而她的乳汁噴灑到空中，成了銀河。

海克力斯日漸成長，赫拉對他的恨意始終無法消退。他是柏修斯的後代，本來可以繼承**邁錫尼**的王位，卻因為赫拉從中作梗，使得他只能屈居於懦弱無能的表兄弟之下，擔任家臣之職，而且還奉命必須完成各項困難的任務，終其一生都擺脫不了赫拉的欺凌。

海克力斯成人之後，擁有超乎常人的勇氣和怪力，無論是武藝、運動競技或是他有如無底洞般的食量，放眼全希臘沒有人能夠超越他。

由於海克力斯聽令於擔任邁錫尼國王的表兄弟，完成了各項難如登天的任務，他的人生也因之波瀾壯闊，

搖籃

傳說中，搖籃可以保護嬰兒不受到魔女與妖精的侵擾。

邁錫尼

位於希臘東北部，科林斯和阿爾戈斯之間的一處遺址。曾是希臘文明中最重要的城市，統理愛琴海南部廣大的地區，這裡所代表的文明稱為邁錫尼文明。（請參見卷頭地圖）

但也因為他達成了許多旁人難以望其項背的功績，才有蕩氣迴腸的故事流傳後世。

年輕的大力士海克力斯，馬不停蹄地東征西討，四處消滅在希臘各地為非作歹的惡徒和怪物，有時去到人煙罕至的高山峻嶺，有時前往世界的天涯海角，甚至還冒險奔赴死者的國度。

邁錫尼王命令海克力斯必須完成的任務共有十二項。接下來，我們就來講述其中的幾段故事。

擊殺猛獅

他接到的第一項任務是擊殺**尼米亞**的獅子。這頭獅子的毛皮異常堅硬，無論是鐵製或銅製的武器都傷不了牠。牠的巢穴有兩個洞口，兩邊都可以自由進出，獅子

尼米亞

位於希臘南部的一處山谷聚落，四方有山圍繞。這裡有宙斯神廟的遺址。古時候，這裡會舉辦競技大賽，紀念希臘神話的英雄海克力斯。

就這樣神出鬼沒，掠殺了無數的人類和家畜。

海克力斯找到這頭獅子的巢穴後，先把其中一個洞穴堵起來，再朝另一個洞穴的深處射箭。獅子被吵醒，發出震耳的吼聲，衝出洞穴，與海克力斯扭打成一團。由於這獅子刀槍不入，海力克斯便以強勁有力的雙手緊緊勒住獅子的脖子，最後終於把凶悍無比的猛獅活活勒死。

海克力斯想剝下獅子皮，但費了好大的勁都剝不下來。最後他想到一個方法，就是利用獅子的指爪來劃開，才終於把整張皮剝下來。海克力斯望著獅子銳利的牙齒，心想如果剛才搏鬥時被獅子咬住，可就萬事休矣，他不禁感到慶幸。

海克力斯將獅子皮披在身上，當作他完成第一項事蹟的紀念。接著，趕緊回國交差。

膽小的邁錫尼王遠遠看到海克力斯身上披著獅子皮走過來，嚇得全身發抖，趕忙下令：

「絕不可以讓海克力斯進入城裡，以後他完成任務，就在城門外向我報告就可以了。」

斬殺九頭蛇

有一條蛇，長了九顆頭，棲息在**勒納湖**附近的沼澤裡。附近的家畜常遭牠吞掉。於是，海克力斯的第二項任務是斬殺九頭蛇。

蛇的九顆頭裡面，有一顆頭永遠不會死，而且這條蛇還有劇毒，不管是人或獸，只要被牠的蛇毒噴中都會立刻倒地不起。

海克力斯駕駛戰車，帶著姪子，前往沼地。他們從遠方射出火箭，逼九頭蛇從巢穴中爬出。

如傳聞中形容的，像大樹般粗壯的九頭蛇，從岩石林立的陰濕沼澤中伸出頭來，怒瞪著海克力斯叔姪倆。

勒納湖

曾經存在於阿果斯附近的一個湖泊區。在希臘神話中，海神波賽頓把他的三叉戟往地面丟擲，便冒出了這片湖水。勒納湖是地獄的入口，由九頭蛇看守，後來這片湖水漸漸乾涸，變成沼澤，最後完全消失，現址已看不到湖水的遺跡。

海克力斯盡量保持距離，舉起棍棒，朝那八顆蛇頭一顆接一顆擊打，把頭與身體的連接處都打斷了。但是，就在蛇頭斷掉的切口處，立刻又長出新的頭顱。海克力斯一時目瞪口呆，當他回過神時，九頭蛇又張開毒牙，朝他襲來。

「這樣下去沒完沒了，反而是我會累死。」他吩咐姪子去砍幾棵樹，做成火炬。然後，海克力斯每砍下一顆蛇頭，姪子立刻拿火炬去燒灼切口，不讓新的蛇頭冒出來。

憎恨海克力斯的天后赫拉眼見九頭蛇居下風，便派出一隻巨大的螃蟹加入戰局。大螃蟹用大**螯**挾住海克力斯的腳，海克力斯痛得大叫，在驚怒之下，一腳踩碎了螃蟹。

螯

螯，音ㄠˊ，節肢動物的第一對腳，前端的形狀像鉗子。

最後，那顆永生不死的蛇頭在一陣擊打之後，被埋進地下，上頭還壓了一塊大岩石來鎮住它。

這麼一來，就算是不死之身也無法脫逃。海克力斯離開沼澤地，心血來潮，把箭頭浸泡在九頭蛇的毒血中，製成了帶有劇毒的箭矢。後來他用這把箭射殺了不少敵人，可是多年後他自己卻也因此而死。

清掃牛舍

位於希臘西部的厄里斯國，國王很富有，養了許多牛，但是三十年來沒有人清掃過牛舍，牛舍裡糞便堆得像山一樣高，如石頭般堅硬。這時即使想派人清掃，也不知道該從何處著手才好，情況非常嚴重，不只是散發惡臭的問題而已。

海克力斯接到邁錫尼王的命令，前去協助打掃牛舍。他看到堆積如山的糞便，心想，普通的方法絕對行不通，畚箕、掃帚、**鋤頭**都派不上用場。海克力斯思索了大半天，想到一勞永逸的方法。他告訴厄里斯國王：

「如果你願意把十分之一的牲口當作謝禮給我，我可以在一天之內就把牛舍清掃得乾乾淨淨。」

「這個信口開河的蠢貨！別說是一天了，就算是一年你都不可能清得完。」國王相當不以為然，不過他抱著姑且一試的心態，還是答應了。

海克力斯所想到的方法是：

在牛舍旁邊，有兩條河。他先堵塞住其中一條，等河水上漲，把堤防沖破，引河水灌進牛舍。等到灌進牛舍的河水把牛舍裡的糞便沖出，接著再引進另外一條河的河水，把殘留在牛廄裡的糞水一掃而空。海克力斯的計策非常成功，將牛舍清掃得一乾二淨。修補好堤防後，他前去向國王索取謝禮：

「我已按照約定，在一天內把三十年份的牛糞都清

鋤頭

一種農具，用來鬆土或除草。

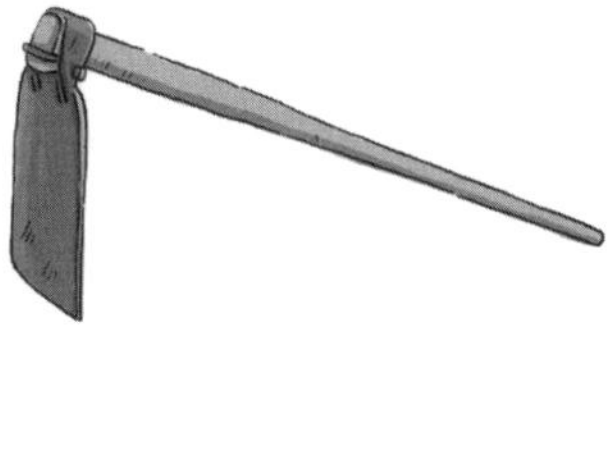

除掉了，請給我謝禮吧。」

國王沒想到海克力斯真的能完成任務，於是他裝傻：

「你的身材相當魁梧，不過，我怎麼知道你就是海克力斯本人呢？」國王明明知道海克力斯是奉邁錫尼王的命令而來，卻故意裝作不知，還說他不可能和區區一名臣子做出那樣的約定。

當下，海克力斯無可奈何，只好離開，但是他心中的怒火久久無法平息，好幾年之後因某些緣故，他最終把厄里斯國王和他身邊的人屠殺殆盡。

馴服食人馬

海克力斯有一項任務是前往黑海附近的**特拉克亞**，

特拉克亞

位於愛琴海東北邊的沿海地區。以酒神祭典而聞名。

將該國國王養的食人馬帶回來。

這四匹食人馬會從鼻孔噴出火燄，吃的是人肉，而且還得把人肉飼料放進青銅製的馬槽，否則牠們絕對不吃。這些食人馬即使由鐵鍊拴住，也總是狂躁不安，想要吃人肉。暴虐無道的國王常常欺騙外地人，把他們做成飼料拿去餵食人馬。

海克力斯假裝受騙，跟著國王來到馬群面前。當國王偷偷從背後想要將他綁住時，卻反被海克力斯抓住，然後拋進等待不及的馬群之中。

食人馬吞噬了自己的主人，填飽肚子後，從原本的暴躁變得非常溫馴，乖巧的跟著海克力斯回到邁錫尼。

取得亞馬遜女王的腰帶

海克力斯返回邁錫尼不久，又遠渡重洋，前往**小亞細亞**地區。那裡有個國家亞馬遜，全民都是女戰士。在這個國家，如果生下男孩，就當場殺掉，只准許養育女孩。而且，為了不妨礙她們拉弓射箭的動作，還會割掉其中一邊的乳房，可說是非常崇尚武風的國家。

海克力斯這一次的任務是去拿取亞馬遜女王的腰帶，帶回邁錫尼。

海克力斯召集了希臘境內多位英雄，一同搭船前往亞馬遜國。女王得知希臘英雄已經抵達國內，便率領一批**驍勇善戰**的女戰士，到海邊迎接他們。

當女王聽說他們想要的是她身上的腰帶，她擔心如果拒絕這個要求，可能會慘遭報復，因此她當場允諾：「沒問題，想要就儘管拿去吧。腰帶是小事，難得有這麼多希臘戰士蒞臨本國，請各位務必多停留幾天，接受我們的款待。」女王熱情的招待客人。

但是，凡事都要阻礙海克力斯的天后赫拉，看到他們彼此相處融洽，又怒火中燒，於是赫拉變身成一名亞

小亞細亞（第147頁）

又叫做安納托利亞，是亞洲西南部的一座半島，介於黑海和地中海之間。自古以來就是歐洲與亞洲之間的通道，現在屬於土耳其的領土。

馬遜人，混進女戰士之中，大喊道：

「不好了，那些外地人把女王綁走了！」亞馬遜戰士一聽，紛紛拿起武器，集結到海邊，高聲疾呼，準備衝上船救人。

雙方人馬大打出手，海克力斯並不知道是赫拉從中煽風點火，誤以為女王的殷勤招待其實是意圖不軌，非常生氣，去找女王算帳。

女王沒料到事情會演變成這樣，驚恐萬分的說道：

「這是一場誤會。我真的沒有騙你，請給我一點時間找出原因，別再生氣了。」

然而，海克力斯已經失去理智，完全聽不進去，便一刀殺死了女王。

驍勇善戰

驍，音ㄒㄧㄠ。意思是勇猛矯健，善於戰鬥。

捕捉紅牛群

海克力斯在離開位於希臘以東極為遙遠的亞馬遜後，又接到命令，這次是要遠赴世界極西的「紅色之島」，帶回魔人飼養的紅牛。

他橫越了大半個歐洲，在經過**直布羅陀海峽**時，在峽角豎立起巨大的「海克力斯之柱」做為紀念，接著他便南下，繼續旅程。赤道地區的天氣酷熱難當，令他忍無可忍。

「熱死人了，你也該適可而止吧！」海克力斯一氣之下，竟然拿起弓箭，朝太陽神赫利厄斯射過去。

赫利厄斯不僅沒生氣，還被海克力斯的魯莽逗樂了，於是把他的黃金船借給海克力斯。這艘形狀如碗的船，可以從東到西，載著太陽橫越天際。海克力斯坐上

直布羅陀海峽

歐洲的西班牙與非洲的摩洛哥之間的海峽，地中海西邊的出入口。在希臘神話中，這裡便是世界的盡頭。

黃金碗船後，繼續朝著紅色之島的方向駛去。接下來輪到大洋之神俄刻阿諾斯來找他的麻煩。

「海克力斯啊，你確實勇氣過人！上次，在陸地上你朝太陽神射箭，現在到了海上，看你能拿我怎麼辦？」說完，大洋之神掀起大浪，船身劇烈顛簸，但海克力斯仍然無所畏懼，繼續朝大洋之神射出箭，俄刻阿諾斯只得趕緊平息浪潮。

海克力斯登上紅色之島後，便看到島主所飼養的一頭三身的怪物、雙頭的看門犬等，全都是柏修斯曾擊敗的蛇髮女妖的後代，來勢洶洶殺了過來。海克力斯雖然受各種稀奇古怪的法術所阻擾，但是仍用棍棒擊殺了所有的敵人。這個過程費了海克力斯好大的功夫，畢竟這些怪物每隻都有好多個頭或複數的身體呢！

最後，他總算把像太陽般耀眼的紅牛群趕進黃金碗船，渡過大海，回到故鄉。

摘取赫斯珀里得斯花園的金蘋果

海克力斯剛從西方的盡頭回來，隨即又接到命令，要他前往天國一趟。

天神宙斯與赫拉結婚時，有人送來一株金蘋果樹當作賀禮，這棵蘋果樹種在天國，一座名叫赫斯珀里得斯的花園裡。在這裡，果實成熟後會終年散發出誘人的香氣。海克力斯這次的任務是到天國摘金蘋果。

金蘋果樹下，常有美麗動人的仙女跳舞、唱歌、嬉笑玩鬧。假如有外來者接近一步，有隻負責看守蘋果樹的巨龍就會衝上前去，一口咬死他，所以果樹上的蘋果可不是那麼容易就能摘取。況且，天國占地遼闊，沒有人知道花園究竟在哪裡。

海克力斯首先來到老海神的住處拜訪，因為只有這位老人家知道如何前往那座花園。

但是，老海神根本不想洩露半點消息。海克力斯才一靠近，老人就變身成可怕的怪獸，想把他嚇跑，可是海克力斯毫不畏懼，抓住怪獸的犄角，瞬間，老海神又變成一團火燄，海克力斯的頭髮和鬍鬚都燒起來。接著，老人一下子變成水，一下子又變成風，幻化成各種姿態，企圖想擺脫糾纏，但是海克力斯始終緊緊抓住老海神不放。最後，老海神無奈嘆道：

「我第一次看到像你這麼頑強的人，竟然能戰勝我的幻術，真是膽識過人。那麼，你應該能順利抵達那座沒有人去過的花園。」老海神敗下陣來，終於告訴海克力斯該怎麼走。

海克力斯依照老海神的指示，往北前進，攀上聳立雲端的高加索山頂。這時，傳來一陣像是要把冷空氣劃破的哀號聲。

「又來了嗎？趕快啄食，趕快走吧！」絕望又痛苦的嚎叫，伴隨著巨大的翅膀拍動聲。

在這裡要先回溯一下久遠以前的事。從前，普羅米修斯看到人類在寒冬裡冷得發抖、只知道吃生肉，便偷走鍛造之神爐灶裡的火，藏在燈心草的莖內，帶下凡間，傳給人類。

多虧普羅米修斯的幫助，人類有了火，生活變得舒適不少。但是，宙斯得知此事後怒不可遏，為了懲罰普羅米修斯，將他綁縛在高山頂端的岩石上，還命令一隻**大鷲**每天去啄食他的內臟。

由於神是長生不死之身，普羅米修斯白天遭到啄食的內臟，到了晚上會長回來，因此他每天都必須忍受一遍受大鷲啄到要痛昏的苦難。日復一日，年復一年，就算是神也受不了，普羅米修斯經常痛到哀號不止。

海克力斯見義勇為，想幫普羅米修斯脫離痛苦，於是他拿起弓箭，趁著大鷲低頭大吃時，一箭射穿牠的喉嚨，大鷲便摔落到下方的岩石上。

接著，海克力斯快跑上前，大劍一揮，斬斷了普羅米修斯腳上的鎖鏈，替全人類向恩人普羅米修斯報恩。

普羅米修斯伸展了一下，深吸一口氣後說道：

「我已忍受這種生不如死的折磨數萬年之久，今天終於重獲自由。為了答謝救命之恩，就讓我來為你指點迷津吧。想要摘取金蘋果，憑你一介凡人無法進入天國

鷲（第153頁）

音ㄐㄧㄡˋ。也就是鵰。一種鷹類大鳥，視覺敏銳，以捕食小動物為生。

的花園，得找我那負責扛負天空的兄弟**阿特拉斯**幫忙才行。可是，阿特拉斯因為長年扛負著天空，早已對這個工作感到厭煩，他可能會騙你去接替他的工作，所以你要小心留意。」普羅米修斯滿懷感激，就把見到阿特拉斯該注意的事情仔細告訴海克力斯。

海克力斯又走了很久，總算在天空的盡頭看到巨人阿特拉斯，他正肩負著沉重的天空。

海克力斯請求阿特拉斯，說道：

「如果您願意替我取回花園內的金蘋果，我可以暫時代替您扛一下天空。」阿特拉斯聽了，果然大喜過望，立刻奔向花園，一眨眼之間，只見他拿著三顆金蘋果回來，對海克力斯說：

「你看，蘋果拿回來了。乾脆這樣吧，我幫你把金

阿特拉斯

希臘神話裡的一位泰坦神族。他反抗宙斯失敗，被宙斯處罰，必須在世界最西邊用頭頸和手扛起天。傳說中，北非有位國王是阿特拉斯的後代，因此非洲有座山就叫做阿特拉斯山脈。歐洲人在印製的地圖集封面常常畫上阿特拉斯的畫像，因此也就把地圖冊叫做阿特拉斯（Atlas）。

蘋果送回邁錫尼，速速就回。」

海克力斯沒有忘記普羅米修斯的提醒，他知道一旦答應了阿特拉斯的提議，替他扛負天空，他鐵定是不會再回來的。於是，他思索了一會兒，答道：

「那就拜託您了。不過，我從來沒有扛負過這麼重的東西，肩膀痛得受不了，您可以幫我扛一下嗎？」阿特拉斯欣然應允，然後重新肩負起天空。海克力斯見狀，連忙拿走蘋果，頭也不回地跑走。一切果然都依普羅米修斯所擬的計策，進行得非常順利。

海克力斯騙過了原本想騙他的阿特拉斯，得意洋洋的帶著金蘋果返回邁錫尼王宮交差。

借走地獄之犬

海克力斯才從天國回來，立刻又馬不停蹄前往位於地底的冥界。這一次，他的任務是要去帶回死者國度的看門狗——地獄之犬。

地獄之犬可不是普通的狗，而是一隻有三顆頭和一條龍尾，背部又長滿無數毒蛇頭的魔犬，吠聲如雷。死去的人要渡過遺忘之河穿越死者國度的大門時，都非常畏懼牠。這樣一頭人人聞之色變的地獄之犬，卻也還是讓身披獅子皮、手持棍棒的海克力斯抓住了尾巴，動彈不得。

就連眾多身影朦朧的死者，看到海克力斯如同惡鬼般的模樣，也嚇得直**打哆嗦**。冥王聽到海克力斯說他想借走地獄之犬，心裡暗想再這樣放任不管的話，死者不僅無法安息，搞不好還會滋生更多事端。如果海克力斯只是暫借一下，應該沒關係吧。於是冥王提議：

「我可以把牠借給你。但是，地獄之犬對冥界來說是不可或缺的，你可不能傷害到牠，帶走牠之前，你必

打哆嗦
音ㄉㄨㄛ ˙ㄙㄨㄛ。由於寒冷或恐懼而身體發抖。

須先收服牠。」海克力斯欣然應允，隨即徒手將地獄之犬壓制在地，並且繫上鍊子，牽往地面。

雖然是邁錫尼王自己下的令沒錯，但是當他從遠處看到長了三顆頭的地獄之犬，嚇得連忙躲進木桶裡，慘叫道：

「我看到了，可以了，你趕快把牠帶走吧！」

海克力斯聳了聳肩，心想，反正已經讓邁錫尼王看過了，而且不趕快把狗還給冥王是不行的，於是立刻牽著地獄之犬返回死者的國度。

其他的事蹟

海克力斯還接二連三擊倒其他危害人類與家畜的野獸，包括有一對青銅利爪和翅膀的怪鳥、一隻巨大的野豬、一頭狂暴的牛，以及快如閃電的鹿等。海克力斯為了保護人們的安全和幸福，四處奔波冒險。他完成了十二項偉業，成為希臘全境知名的大英雄。

然而，海克力斯的下場卻十分悲慘。因為他的妻子不小心，害他中了塗在箭矢上的九頭蛇劇毒，儘管他身強力壯，卻還是痛到滿地打滾，慘叫連連。

痛苦不已的海克力斯拜託泣不成聲的眾人，將他抬到高山頂端，然後放置在柴火堆上。

「誰來幫忙點火，讓我從苦難中解脫。」他痛苦不堪的哀求在場的人們，但是，大家都不忍心見到備受愛戴的英雄死在眼前，所以沒有人願意上前點火。最後，由一個為了追趕羊隻而路過的牧羊人幫忙點上火，海克力斯就在熊熊大火中離開了人世。

宙斯為了紀念這個一生波瀾萬丈的兒子，從煙霧中將他與他的木棍和獅子皮，一同昇上天空，變成星座。曾經與海克力斯決鬥過的尼米亞獅子、勒納湖的九頭蛇，以及巨蟹、大鷲和龍，也都成為獅子座、長蛇座等亮眼的星座。

伊底帕斯的試煉

很久很久以前，在希臘以東很遠很遠、在大海的另一邊，有個國家叫**腓尼基**，國王膝下有三個兒子和一個女兒。

有一天，國王的女兒——美麗的歐羅巴公主，正在海邊與侍女們嬉笑玩耍，有一頭全身雪白的公牛從海上游了過來。那頭公牛的身形雄偉，眼神卻如母牛般溫馴。公牛踱步來到公主身邊，像隻狗兒似的貼近她。

一開始，公主和侍女都很害怕，嚇得紛紛逃開，後來看到公牛的眼神和舉止都很溫和，就逐漸聚了過來，圍著牠，好奇的觀察牠。

公牛走到公主的面前趴了下來，像是在邀請公主坐上牠的背，一動也不動，靜靜望著公主。

公主小心翼翼靠近公牛，摸了摸牠的頭和背。公牛沒有發怒，只是抖一抖耳朵，晃了晃頭。

於是公主放下戒心，帶著好玩的心情，坐上公牛的背。這時，公牛立刻起身，跳入海中，載著公主游向外海，轉眼就消失在海平線的另一端。

侍女們見狀大驚失色，趕緊追上去，但沒有船無法渡海只好作罷，她們慌慌張張趕回去向國王報告這個壞消息。

國王獲悉心愛的女兒被擄走，驚怒交加。他把大王子卡德摩斯及另外兩名兒子召喚來，疾言厲色下達命令：

「你們立刻去把歐羅巴找回來。沒找到的話，誰都不准回來。」

腓尼基（第161頁）

位於地中海東側的古代國家。腓尼基的文明發展得很早，航海貿易發達，擅長商業和軍事，自古就與希臘城邦，克里特島等地有商業往來，也發展出自己的字母。希臘人借用腓尼基文字，再加上其他母音，成為自己的字母，而這也成為歐洲各種字母系統的源頭。（請參見卷頭地圖）

然而，人是被牛擄走的，這真是前所未聞的怪事。該從何處找起？實在不知道怎麼辦才好，王子們感到非常苦惱。但是，礙於國王的嚴令，三人只好硬著頭皮，分頭搜尋。

事實上，這頭白色公牛是天神宙斯變成的，牠把歐羅巴帶到大海中央的克里特島，與她一起生活。不久，公主就在克里特島上生下米諾斯，也就是後來統治克里特島的國王。

三位王子繼續漫長的搜尋。在途中，跟隨大王子卡德摩斯一起行動的王后不幸去世了，她直到臨終都惦記著女兒。卡德摩斯為了完成母親的遺願，來到了希臘的阿波羅神殿，尋求神諭的指示。神卻如此告訴他：

「卡德摩斯啊，你是無法找回歐羅巴的。不過，你可以跟在一頭母牛的後面，在牠停下來休息的地方，建立自己的國家。」

卡德摩斯不明白神的用意，但是仍然遵從指示。他率領臣子，漫無目標朝著北方的深山前進。

卡德摩斯爬上雄偉的高山，途經令人頭暈目眩的峽谷，而後穿越森林，翻過一座又一座的山頭，總算遇到了一群牛。

卡德摩斯認為，神所說的母牛就在這群牛之中，因此緊盯不放。等了一陣子後，果然有一頭母牛離開牛群，向北方走去。他相信就是這頭母牛了，於是趕緊帶著臣子跟在牠後面。

山勢逐漸趨緩，從山丘變為一覽無遺的平原。母牛仍漫行在原野上，最後來到一處地方，右方有地勢略高的山丘，鄰近有甘美的泉水湧出。

「依照神的旨意，就在這裡建國吧！」

卡德摩斯在這裡建立了國家，名為**底比斯**，成為第一任國王。

底比斯

一座位於希臘中部平原的城市。希臘神話中，這裡發生了卡德摩斯、伊底帕斯、酒神戴奧尼索斯和七雄遠征底比斯等故事，因此具有重要地位。

棄嬰的腳踝

後來，卡德摩斯的子孫繼承了王位。底比斯發展得相當繁榮，在漫長的歲月裡發生了不少事。接下來要講的故事，是其中一代的國王——拉伊奧斯的故事。

某一天，國王拉伊奧斯向阿波羅尋求神諭，卻得到了這樣的預言：

「拉伊奧斯啊，如果你生了男孩，這男孩將來會把你殺死。」

國王聽了，大吃一驚。他趕緊返回底比斯，拿出一把金錐子，刺穿剛出生的兒子的腳踝，並且命令王妃把兒子丟棄在荒野。王妃無能為力，只好把孩子交給牧羊人處置。

牧羊人接到這道殘酷的命令，轉頭看到**襁褓**中的王

襁褓
音ㄑㄧㄤˇ ㄅㄠˇ。背嬰兒用的布巾和背帶。比喻人的幼年時期。

子惹人憐愛的可愛面容，天真無邪對著他笑，牧羊人將王子抱在懷裡，帶回自己牧羊的山上。

牧羊人不明白，為什麼要丟棄這個可愛的嬰兒，如果把他丟在深山裡，這孩子不但會挨餓受凍，而且還可能會被野獸吃掉。

牧羊人實在下不了手。他抱著嬰兒，在山裡四處遊蕩，不知該如何是好。就在這時，另一個為**科林斯**王放牧的牧牛人，恰巧從山的另一邊領著牛群過來。他們兩人是認識多年的朋友。

「嘿，午安。」牧牛人打了聲招呼，他看到牧羊人懷裡抱了一個嬰兒，問道：

「真想不到，這嬰兒是你的嗎？長得真可愛，你什麼時候生的呀？」

科林斯

希臘的一座歷史古城，位於伯羅奔尼薩半島的柯林斯地峽。希臘神話裡，薛西弗斯建立的艾非拉城據說就是後來的科林斯。科林斯是希臘黑色彩陶的重要出口港，這座城也就是聖經上提到的哥林多。

牧羊人不方便說出事情的真相，只好向朋友撒謊：

「不是我生的啦，是在路上撿到的。」

「撿來的？那可真是麻煩，在這深山裡很難養育孩子啊，乾脆把他交給我好了。」

牧羊人喜出望外，畢竟他不忍心對嬰兒下手，如果把孩子寄託在遙遠的科林斯，就不用擔心會被國王發現。

「也好，反正是撿來的，我想他長得那麼可愛，一定會有人願意領養。」

「太感謝你了，我會好好照顧他。」

牧牛人把穿刺在嬰兒腳踝的金錐子拔掉後，接手將他抱過來，沿著來時路將嬰兒帶回科林斯。

科林斯國王膝下無子，王后也日日盼望著能有自己的小孩，牧牛人謁見了渴望孩子的王后，向她報告：

「王后殿下，我剛從山裡回來，在放牧時撿到這個可愛的男嬰。」言畢，把嬰兒遞交上去。

王后接下這個迷人又氣質高貴的嬰兒，深深相信這是神賜下的禮物。她對這個嬰兒視如己出，取名為伊底帕斯，讓他接受王子教育，用心教養。伊底帕斯的意思是「腫脹的腳」，這嬰兒被金錐子穿刺的傷口始終沒有消退。

命運的三岔路口

多年後，伊底帕斯長大成為一個優秀的青年，他文武雙全，從摔跤、田徑、馬術、駕馭戰車，到箭術或狩獵**無人能出其右**。

某天，有個在各項比賽都敗給伊底帕斯的朋友，用酸溜溜的口氣對伊底帕斯說：

無人能出其右
形容某人的才學或表現極為優異，沒有人能超越。

「伊底帕斯，你自認為自己凡事都比人強，但是你知道你根本不是國王的親生兒子嗎？」

聽了這句話，伊底帕斯感到相當錯愕。他連忙趕回宮殿，衝進王后的房間，質問母親：

「母親大人，我的親生父母到底是誰？現在人在何方？」

王后聽了暗自驚慌，深怕她視如己出的兒子會離開她，於是決定隱瞞真相。王后**忐忑**不安的回答他：

「伊底帕斯，你怎麼會這樣想呢？你的父母親不就在你眼前嗎？以後別再說這種傻話了，知道嗎？」

伊底帕斯聽了之後，稍微放心，但是他多多少少還是在意朋友的話，而且也不完全相信母親。

「對了，我可以去問問在天上看著人間，知道一切

忐忑
音ㄊㄢˇ ㄊㄜˋ。心神不安寧，七上八下。

真相的天神阿波羅。」

於是，伊底帕斯駕駛著戰車離開宮殿，車輪滾動的聲音非常響亮，朝著位於德爾菲的阿波羅神殿而去。那裡正是伊底帕斯出生時，生父拉伊奧斯去尋求神諭的地方。

伊底帕斯越過一座又一座的山，終於來到一處高聳岩石山的山腳下，抵達了阿波羅神殿。他跳下戰車，進入神廟請示神諭。

阿波羅神廟裡的神諭告訴他說：

「伊底帕斯，你絕對不可以回到國內，否則你會殺了自己的父親，並且迎娶你的母親。」

聽了這段話，伊底帕斯感到驚恐萬分，難以置信。

「我會殺死父親，然後迎娶母親？怎麼會有這種事？不對，說不定會發生一些意外事件而導致神諭成真。既然如此，我乾脆一輩子都不要回國，這樣一來，預言就不會成真了。雖然不能再見到摯愛的父母親實在令人傷心，然而，這麼一來就不會發生這樣的錯誤了。」

伊底帕斯悲愴的下定決心，走出神殿並坐上戰車，往科林斯的反方向駛去，進入北方山區。

他來到一個三岔路口，猶豫著該走哪一條路。這時，有輛搭載著一位老人的馬車從對面駛來。由於道路狹窄，雙方都進退不得。

車上的老人**盛氣凌人**，開口就罵人：

「喂！還不給我滾開！」

伊底帕斯好歹也是個王子，聽到對方無禮斥罵，不禁怒火中燒，他大聲回嗆：

「該滾開的人是你！」

不料，老人竟拿起鞭子，朝他揮去，還命令隨行的人圍毆他。

盛氣凌人
形容一個人傲慢自大，氣勢逼人。盛在這裡的發音讀成ㄕㄥˋ。

伊底帕斯孤身一人，受到突如其來的暴行襲擊，但他毫不畏懼，以一擋十，與對方的人馬打了起來。

伊底帕斯武藝高強，很快便把老人和隨從全都殺死，只剩下一個人脫逃而去。這時的伊底帕斯並不知道，他殺死的那個老人就是他的生父——拉伊奧斯。

斯芬克斯之謎

在底比斯這裡，眾人得知出門遠行的國王在路上被人殺死，全國頓時陷入混亂。由於沒有王位繼承人，因此暫時由王妃的哥哥——國舅克雷翁**攝政**。

對於底比斯的混亂，伊底帕斯毫不知情。他進入底比斯之後，聽說城裡的人時常受到一隻住在山上的怪物騷擾。這隻名叫斯芬克斯的怪物，有著美女的面孔，獅

攝政
攝，音ㄕㄜˋ。攝政是指代理某人治理政務。

子的身體以及一對鳥的翅膀。

斯芬克斯會逼路過的旅人回答牠所提出的謎題：

「請問什麼東西是早上四條腿，中午兩條腿，到了晚上變成三條腿？答不出來的話，就乖乖讓我吃掉吧。」

很多人自認能解開謎題，就專程上山找斯芬克斯接受挑戰，但是至今沒有一個人答對，全都遭斯芬克斯吃下肚。

暫時攝政的克雷翁，為此大傷腦筋。他公開宣布，如果有人能解開這道謎題，就讓他繼承底比斯的王位。聽說解謎之後可以當國王，於是許多人都摩拳擦掌，想盡辦法要解謎。不過，還是沒有人能想出正確答案。

伊底帕斯了解來龍去脈後，前往斯芬克斯棲息的山上。那個擁有美女面孔的怪物看到了伊底帕斯，不禁大笑：

「呵呵呵，又有食物上門了。你這麼年輕，吃起來一定很美味。來吧！看你能不能解開我的謎題。」

伊底帕斯微笑著說道：

「妳的謎題太簡單了，答案是人類。人在嬰兒時期，手腳並用，在地上爬行，所以是四條腿；長大後，用兩條腿行走；到了晚年，年老體衰，需要拐杖支撐，所以看上去就是三條腿。」

斯芬克斯聽到牠的謎題被破解了，痛苦的慘叫，而後跳下斷崖摔死了。

群眾得知消息非常高興。伊底帕斯智取怪物後，隨即受到擁立為王，還娶了先王的王妃，在底比斯定居了下來。他與王妃生下了兩兒兩女，兒子是波呂奈瑟斯和埃提奧克里斯，女兒則是安緹岡妮和伊絲美妮。

瘟疫

遠離故鄉科林斯的伊底帕斯，離開深愛的父王和王后後，定居在底比斯。他非常想念遠在山的另一邊的雙親，渴望能再回去探望他們，但是神諭實在令人心驚，他不得不打消返鄉的念頭。

況且，他現在已貴為底比斯王，就有義務盡一己之責。因此他投入全副心力，將國家治理得井然有序，備受民眾的尊敬、依賴和愛戴。

然而，這一年，一場可怕的瘟疫席捲了底比斯，只見草原、農田和樹林全都枯萎，植物開不出花，生不出果，結不了穗，就連牛羊也因為營養不良而無法產下後代、分泌乳汁。

這場前所未見的災難，迫使民眾紛紛前來向國王伊底帕斯陳情：

「陛下，您知道到底發生了什麼事嗎？究竟是誰惹怒了神，降下如此恐怖的災難？再這樣下去，我們根本無法過活，草木穀物都已枯萎，牛羊也一頭接一頭病死。」

伊底帕斯為了瘟疫的事，寢食不安，每天都思考著該怎麼辦。

「各位，請放心，無論如何我都會想辦法協助大家渡過危機。目前還不知道是什麼原因導致瘟疫降臨，不過我已經派克雷翁去阿波羅神殿請求神諭，他很快就會帶回消息。」

話才說完，克雷翁回來了。

「克雷翁，等你很久了，趕快呈上神諭的內容吧。」

「神的旨意讓人覺得**匪夷所思**。他說，會發生這場瘟疫，是因為那個殺死先王拉伊奧斯的兇手就潛伏在底比斯，如果不找出那名兇手、將他流放的話，瘟疫就會持續下去。」

伊底帕斯聽了後，說道：

「什麼？殺死拉伊奧斯的兇手就躲在城內？不可原諒！我一定會把他找出來。大家聽好，如果得知兇手的下落，要立即往上呈報，絕對不能藏匿，否則一經查明，一併處罰！」伊底帕斯在群眾面前如此下令，完全不知道他自己就是兇手。

伊底帕斯費盡心思追查兇手的線索，最後終於查到

匪夷所思
無法根據常理推測判斷。

拉伊奧斯王遇害時有一個人**倖存**。伊底帕斯連忙派人把這個唯一的倖存者召喚到王宮裡來。

這名倖存者是個上了年紀的僕役，他本來不想前往王宮，但是王命畢竟不可違抗，最後，使者強制他必須去見國王。

「拉伊奧斯遇害的時候，你也在場，還記得當時的情形嗎？你先前說，先王遇到了一群盜賊而被殺死，對吧？」

「是的，事發地點在德爾菲附近的一個三岔路口。」

「什麼？三岔路口！」

伊底帕斯大為驚訝。回想當初自己曾經在盛怒之下殺死了一名無禮的老人，地點就是在德爾菲附近的三岔路口。不過，那時只有他一個人，沒有別人，這一點和

倖存
意外存活下來。

面前這人所敘述的情形不同。

「你確定國王是被一群盜賊殺死的？」

「是一大群盜賊，沒錯！否則其他隨從也不會那麼容易就被殺死。」

伊底帕斯鬆了一口氣，不再把三岔路口遇到老人的事放在心上了。

他繼續調查先生拉伊奧斯的死因，這時有個科林斯派來的使者表示，想與國王會面。

「什麼？想要見我？科林斯是我的故鄉，肯定是有重要的事要轉達，才會派人過來。讓他進來吧。」

使者來到伊底帕斯面前，向他稟報：

「伊底帕斯大人，從現在起，您也是我們科林斯的國王了。」

「你說什麼？推舉我當科林斯王？難道父王去世了？」

「是的，請節哀順變。」

「怎麼會這樣？我多麼想與父王相聚，還沒有再見到父王一面，他卻已經離我而去。不過，只要母后仍然健在，我就還不能回去。」

聽到伊底帕斯如此突兀的話語，使者很訝異，問道：

「為什麼呢？王妃吩咐，一定要您回科林斯繼承王位，她非常想念您呢。」

「因為阿波羅的神諭曾預言，我會弒父娶母。」伊底帕斯將神諭的內容告訴了使者。使者笑著說：

「原來，您是為了這件事在煩惱啊。關於這一點，請容我稟告，其實您不是科林斯國王夫婦的親生兒子，是我從底比斯的一位牧羊人那裡抱來的棄嬰，我把嬰兒交給王妃後，她將您視如己出，用心撫養長大。」

「你有什麼證據可以證實我是那個棄嬰？」

「有的。當時那個棄嬰的腳踝，被人用金錐子穿刺而腫脹。」

伊底帕斯頓時面無血色。他的腳確實就像對方說的，自嬰兒時期就有舊傷。

「那位牧羊人現在哪裡？快去把他找來，快點！」

伊底帕斯失去了理智，驚慌怒吼。下面的人趕緊找來了那位牧羊人，牧羊人一開始還想隱瞞，但是最後無奈，只好**全盤托出**。伊底帕斯終於知道，自己就是神諭所說的那個會殺死父親、迎娶母親，導致瘟疫蔓延底比斯的罪魁禍首。他的生母得知了事情的真相，隨即上吊自殺。

「啊啊，怎麼會這樣？我竟然在不知情下，犯下人神共憤的罪行！我有眼睛，卻根本看不見真相！」

伊底帕斯既悲傷又憤怒，整個人神智錯亂，最後用針戳瞎了自己的雙眼。

全盤托出
把事情全部說出來。

內鬨
團體內部的人互相爭鬥。鬨，音ㄏㄨㄥˋ。

兄弟內鬨

雙眼失明的伊底帕斯，被流放到國外，在各國之間輾轉流浪。伊底帕斯已失去王位，且所有人都知道他殺死自己的父親，所以無論他走到哪裡，都沒有人願意提供住宿和餐點，甚至還拿石頭砸他。

只有他的女兒安緹岡妮始終陪伴在旁，為雙眼失明的伊底帕斯指引方向。

伊底帕斯的兒子——波呂奈瑟斯和埃提奧克里斯，兩人約定輪流當國王，為期一年就換人。由埃提奧克里斯先當。

然而，一年過去，該輪到波呂奈瑟斯當國王時，卻慘遭埃提奧克里斯驅逐出底比斯，兄弟倆從此勢不兩立。

被逐出國外的波呂奈瑟斯在走投無路之下，只好投靠南方的阿果斯國。

這個阿果斯國的地理位置，比伊底帕斯曾經生活過的科林斯還要更南邊，需要翻山越嶺才能抵達。阿果斯是個大國，他們的國王坐擁廣闊的疆土和精銳的兵馬。波呂奈瑟斯想借助阿果斯國的力量，奪回底比斯王位，於是對國王阿德拉斯托斯百般示好。國王禁不住波呂奈瑟斯的甜言蜜語，龍心大悅，還把女兒嫁給了他。

女兒和女婿的婚禮過後，阿德拉斯托斯國王召集了軍隊和重要將領，準備進攻底比斯。這支軍隊以國王為首，共有七位將領，這就是著名的「**七雄遠征底比**

斯」。

七名將領越過山嶺，馬不停蹄前進。底比斯這邊，則由埃堤奧克里斯擔任主將，統領軍隊在城門前嚴陣以待。

兩軍對立，戰事一觸即發。在這緊張時刻，阿波羅忽然降下神諭：

「有伊底帕斯在的陣營，必能大勝。」

雙方一得知神諭內容，都立刻派人去尋找伊底帕斯。

結局

至於伊底帕斯，這段時間以來在做什麼呢？雙眼失明又年老體衰的他，由女兒安緹岡妮攙扶著，步履蹣

七雄遠征底比斯

這段故事後來由古希臘詩人、希臘悲劇之父埃斯庫羅斯（西元前五二五～前四五六年）寫成劇本流傳後世。

跚，輾轉流離，最後來到希臘最古老的城市雅典近郊的一座森林。

這座由女神掌管的森林，有清澈甘美的泉水和肥沃的草原，種類繁多的小鳥在枝椏上引吭高歌。原野上，微風吹拂，黃水仙滿地綻放，迎風搖曳。

「女兒啊，這裡是哪裡呀？我輾轉流浪已有很長一段時間，一路上多虧妳細心照料，不過我知道這裡將是自己的臨終之地。」他坐在森林裡的大石頭上，向經過的村人詢問：

「請問，這裡是哪裡？這個國家的國王是誰？」

「這裡是雅典附近的女神之森，我們的國王是大名鼎鼎的特修斯陛下。」

「原來如此，這裡的國王是特修斯啊。很好，麻煩你請他過來和我見面，我有事要告訴他。」

「你在說什麼傻話啊？你這衣衫襤褸的老頭，憑什麼叫特修斯陛下來這裡見你？」村人生氣地說道。

「跟他說我是底比斯之王——伊底帕斯，他一定會來的。」

村人聽了，嚇一大跳，彷彿看到瘟神似的急忙往後退，頭也不回的落荒而逃。

村人一路拔腿狂奔，氣喘吁吁的跑進城內，通知國王：

「不得了！那個、那個、伊底帕斯，現在就坐在女神之森的大石頭上，等著您去呢。」

特修斯得到消息立刻趕往森林。他看到伊底帕斯坐在大石頭上，一副衰老的模樣，完全不見從前底比斯王的英姿。他身邊有一位同樣衣衫襤褸的年輕公主，溫柔的照料著他。

仔細一看，那位公主既美麗又有氣質，而雙眼失明的伊底帕斯臉龐也散發出一股不言而威的氣魄。

「您就是伊底帕斯陛下嗎？」

「沒錯，我就是。您是特修斯對吧？我是為了守護您的國家而來。神諭指示這裡是我的臨終之地，只要有我在的地方就能得到勝利和繁榮。特修斯陛下，如果您願意收容我，就讓我死在這裡吧，我願意守護您的國家。」

特修斯是個善良熱心的人，他慨然應允：

「伊底帕斯陛下，我願意完成您的心願。我會保護您，絕對不讓別人來打擾，您就安心待下來吧。」

最後伊底帕斯就在這片土地上死去，成為雅典的守護神。

底比斯滅亡

這時，進攻底比斯的七位將領和另一方的底比斯人，都在四處搜尋伊底帕斯的下落，終於在雅典附近的森林裡找到他。然而，伊底帕斯得到特修斯的嚴密保護，不屈從於任何威脅利誘，始終不願意答應雙方的要求。最後，他如願死在當地。伊底帕斯死後不久，也開啟了底比斯的滅亡過程。

底比斯城有七道城門，因此，阿果斯的七位將領，分別朝不同的城門進攻。這七位將領個個都是名震一方的英傑，轉眼間，便把底比斯的軍隊殺得落花流水，潰不成軍，士兵紛紛逃回城內。

底比斯的主將（埃堤奧克里斯）眼見底比斯陷落在即，一時悲憤，衝出城外與波呂奈瑟斯決一死戰。這真是令人感慨的情景，親兄弟對立戰場，像仇人般廝殺。兩兄弟在城門外進行殊死鬥，最後同歸於盡了。

另一方面，原本敗逃的底比斯軍隊，在這時卻忽然振奮起來，分別從七道城門反殺出去。這場絕地大反攻，導致七位阿果斯的將領中只剩阿德拉斯托斯一人倖存。他駕駛著由神贈送的馬所拉的戰車，才得以逃走。

伊底帕斯的兩個兒子雙雙喪命，克雷翁成為新的底比斯國王。子民們傷心哭泣，為戰死的將領和士兵舉行盛大的葬禮。至於敵人的屍體，則奉新王克雷翁的命令，不准收拾，就這樣曝露在野地。

這些屍體引來野獸啃噬，情況慘不忍睹。儘管是敵人，但是這種作法終究還是太不人道，況且這些死者之中也包括了波呂奈瑟斯在內。

長久以來，善良的安緹岡妮一直陪伴著雙眼失明的父親，陪他渡過顛沛流離的日子。當她得知兄長的遺體遭如此對待，感到於心不忍。

於是，她違背了克雷翁的命令，在黑夜出城，尋找兄長的屍身。只見四周除了堆積如山的屍骸，還有不可計數的野獸徘徊。

即使如此，安緹岡妮仍是一點都不害怕，不辭辛勞的在戰場上四處尋找。

「兄長大人，你到底在哪裡啊？就在這片伸手不見五指的黑暗之中，如此淒涼啊，就這樣曝露在冰冷的地面上，你真是太可憐了。你雖然領兵攻打祖國，是罪無可赦的敵人，但是對我來說，你仍然是那個溫柔體貼的兄長。可以告訴我，你在哪裡嗎？」

戰場上霧氣彌漫，野獸的吼叫聲此起彼落。安緹岡妮獨自一人翻找著一具又一具的屍體。這時，霧氣消散了。她看到一具缺了一隻腳的屍體，她抱起這具屍體一看，果然是她思念的兄長。

安緹岡妮原本想挖一個大坑把他掩埋起來。但是，只憑她一人的力氣實在無法做到。她手無寸鐵，只好徒手挖土，一次挖一些，再把土傾倒在兄長的遺體上。

巡邏的士兵發現情況有異，於是向上呈報。克雷翁來到現場，非常生氣，怒斥：

「是誰，膽敢違抗我的命令，掩埋敵人的屍體？把那個人抓來！」

士兵聽命，逮捕了安緹岡妮，然後把她帶到新王的面前。克雷翁仔細一看，才知道原來是公主安緹岡妮。

「安緹岡妮，妳為什麼要做這種事？難道不知道，我發布過命令不准收拾敵人的屍體嗎？」

「我當然知道您的命令。不過，無論如何都該尊重死去的人，而不是讓屍體在荒野上曝曬。更何況，這人是我的兄長。」

「妳應該知道，不服從我的命令是會被處死的吧？」

「我知道。即使如此，我仍然不會聽從這種命令。就算我因此被處死，我還是認為自己做的是正確的。」

克雷翁本來也猶豫是否要將安緹岡妮處死，再怎麼說，她都是自己未來的兒媳婦。但是，一旦違反命令，就算是貴為公主，就算她與兒子的婚期將近，終究還是不可原諒。

於是，克雷翁把公主關進城外的一個大洞穴裡，只是他沒有料想到，安緹岡妮公主**香消玉殞**之後，不久，他的兒子也殉情身亡追隨公主而去。

香消玉殞
比喻女子死亡。殞，讀作ㄩㄣˇ。

第三篇　各地的傳說

聽懂動物語言的墨蘭波斯

在希臘的西方沿海地區**皮洛斯**，有個少年聽得懂鳥的語言。為什麼這位名叫墨蘭波斯的少年能聽懂鳥語？還因此學會預言呢？就讓我們從頭說起。

有一天，墨蘭波斯在房裡**睡午覺**，被突如其來的喧囂聲吵醒。外面到底是在吵什麼呢，他打開門一看，見到僕人們拿著棍棒在打一條很長的蛇。

「小主人，這該死的東西在樹上築了個洞。」

「留著牠太危險了！」

眾人罵聲連連，手上仍不停往蛇身上亂打。只見蛇昂起牠鐮刀狀的頭，左右閃躲，最後筋疲力盡倒在地上，一動也不動。

僕人們吵嚷著要把蛇的屍體吊起來，墨蘭波斯於心不忍，低聲說：

「就算你們覺得這條蛇是十惡不赦的壞東西，但畢竟也是個生命，牠已經這麼可憐地被你們亂棒打死了，也夠了吧。」說完，便撿起枯枝，堆成柴火堆，把蛇的屍體放上去，將牠火葬。

過了兩三天，墨蘭波斯心血來潮，他爬上樹木，拿一根小樹枝往蛇穴伸進去，結果發現有一窩小蛇，瑟縮成團，緩緩蠕動著。

「是那條被打死的蛇的孩子吧。牠們失去了母親，也應該好多天沒進食了。」

少年一臉稚氣未脫，但是依稀已可見日後他成為預言師，冥想時特有的沉靜氣質。之後的一段期間墨蘭波斯都會趁著沒有人注意，拿食物去餵小蛇。

但過幾天後，墨蘭波斯已把小蛇的事忘得一乾二

皮洛斯（第193頁）

希臘西部的港口城，面向愛奧尼亞海。在這裡，海神波賽頓的地位高於天神宙斯。

睡午覺（第193頁）

希臘的夏天天氣乾燥炎熱，白天陽光熾烈，如果沒有遮蔭，往往熱到受不了。因此在一天裡最熱的時候，也就是下午兩點鐘到四點鐘，希臘人會放下工作去睡午覺休息。

淨。有一天，他在草原上打瞌睡，突然感覺有什麼東西在舔他的耳朵，他睜眼一看，原來是一條小蛇伸出濕潤的蛇信在舔他。

「咦？這不是那條小蛇嗎？一段時間沒看到牠，竟然長這麼大了。」墨蘭波斯正這麼想著，突然聽到了高亢的對談聲。

「往那邊去吧。」

「還是算了吧，就快黃昏了。」

那些聲音來自很高的地方。他張眼觀望，四下只有他一個人而已，他以為是自己的錯覺。就在這時，高聳的樹上飛出一隻小鳥。

「那麼，我先走了。」小鳥說出這句話之後，隨即飛往高空。

「剛剛說話的難道是鳥？怎麼可能？可是這附近也沒有其他人呀。」

很快的，來自四面八方的細語聲冒了出來，除了來自天空的鳥類，還有躲在地面草叢的葉蔭下吸吮夜露的蟲子……剛才睡午覺之前那些聽起來很平常的動物鳴叫聲，現在都成了清晰可辨的話語。

墨蘭波斯心中的疑慮消解了。他猜想，這大概是小蛇送給他的能力吧。

皮洛斯的國王涅琉斯原本也和能聽懂鳥語的墨蘭波斯一樣是身分高貴的人，不過，他在嬰兒時就和他的雙胞胎兄弟一起被丟棄在山裡，多虧經過的飼馬人發現他們，才得以平安長大成人。這一對大難不死的兄弟，這時都已各自為王，統治著自己的國家。

涅琉斯有一個女兒，是位美豔的公主。（在戲劇作品《**伊利亞德**》的故事裡有位希臘老將——涅斯托耳，就是這位公主的哥哥。）

聽懂鳥語的墨蘭波斯有個弟弟皮阿斯，愛上了公主，想跟她結婚，但是國王提出的條件對皮阿斯來說簡

伊利亞德

是希臘最古老的詩，長達一萬五千六百九十三行，一般認為出自偉大的詩人荷馬之手，描述特洛伊戰爭最後一年國王阿伽門農與英雄阿基里斯之間的爭執。在這首史詩中對涅琉斯的描寫是「慈祥而博聞的老人，逢人就說起自己早年的豐功偉業」。

直難如登天。

由於追求公主的求婚者人數非常多，國王涅琉斯曾經公告天下：

「誰想要迎娶我的女兒，就必須把**菲拉克斯的牛**帶回來。誰做得到，我就讓他當我的女婿。」

菲拉克斯為了保護他的牛群，讓凶猛的惡犬日夜嚴密看守，想帶回牛隻並不是件容易的事。

墨蘭波斯明白，如果用普通的方法是無法替弟弟把牛帶回來的。所以他決定先占卜，以便知道下一步該怎麼走。

空中飛翔的鳥、地底潛行的鼠、棲息在茂密森林的蟲子，還有河裡的魚類，都知道許多人類不知道的消息。由於墨蘭波斯聽得懂鳥獸蟲魚的話，能夠從中獲取

菲拉克斯的牛

這頭牛原本屬於涅琉斯的母親，然而有天被希臘北部的菲拉克斯王國的王子帶走之後，一直占為己有。

資訊，也就是從這時候起，人們公認他是無所不知的預言師。

有一次，他聽到露出河面的魚抱怨：

「我以為河底那個閃閃發光的東西是果實，沒想到吃下去之後，肚子好不舒服。」

墨蘭波斯原本沒當一回事，直到回家後，他看到家中女眷一臉鐵青，原來她弄丟了貴重的鑽戒。他想起剛才聽到魚說的話，便把事情連結在一起。於是，他返回河邊，撈起肚子翻白、浮在水面的魚，剖開魚肚一看，果然找到了耀眼的鑽戒。

另外一次，他看到一隻野鼠銜著草，跑到重傷垂死的同伴旁邊，說道：「你把這個藥草嚼爛，塗抹在傷口上，很快就會康復了。」於是，墨蘭波斯記下藥草的形狀，用同樣的方式治療重傷患者，果然獲得很好的療效。

類似的事情不勝枚舉，因此，墨蘭波斯不但成為公認的預言大師，更被當作醫術高超的醫生，名聲一天比一天響亮。

後來，墨蘭波斯很幸運，在河畔遇到阿波羅。阿波羅傳授他占卜的祕法，教他如何利用祭典時獻給神的動物內臟來進行占卜，讓他又多了一項神通能力。

此時，占卜術已相當高明的墨蘭波斯為了幫助弟弟，就向上天卜問，該如何才能帶回牛隻。他得到這樣的答案：

「要偷牛，得先被關在牢內一年，才能達成目的。」

「皮阿斯那小子根本不敢去坐牢。看來，只好由我代勞了。」墨蘭波斯依照占卜的指示，採取行動，偷偷跑到牛舍附近。

他趁著夜幕低垂，四下伸手不見五指的時候，潛入了牛舍。就在他抓住牛角，正要把牛牽出去時，一群凶猛的看門狗發現他而大聲吠叫，讓他也忍不住害怕了，睡在鄰近糧倉的菲拉克斯家的人聞聲趕來逮人。一如預言所說的，他被關進了牢房。

光陰似箭，墨蘭波斯在牢裡待了快一年。有一天，他聽到天花板傳來細微的聲響。仔細一聽，似乎有人邊狼吞虎嚥吃著食物，邊在說話。

「我們在這幢監獄住夠久囉，這樑木頂多只能再支撐一天，再吃下去的話，整幢房子大概就會倒塌吧？」從談話的內容推測，講話的八成是**白蟻**。

墨蘭波斯連忙向獄卒大喊：「這幢監獄已經遭白蟻蛀蝕了，隨時都可能倒塌，你趕快把所有人移到別的地方去吧。」

獄卒不以為然的嘲笑他：「這麼粗的樑柱，就算遭到蟲蛀，再過幾十年也不會倒。」

不過，獄卒拗不過墨蘭波斯的堅持，只好把他移到別的地方去。才剛把他移走，突然轟然一響，監獄就整個塌陷，壓死了不少人。

主人菲拉克斯聽說了這個偷牛賊預言房子會倒塌，

白蟻

等翅下目昆蟲，體長五到十公釐，在土裡或腐木裡築巢，有很強的生殖能力，一窩往往可達百萬隻。會蛀空木材，造成巨大破壞。

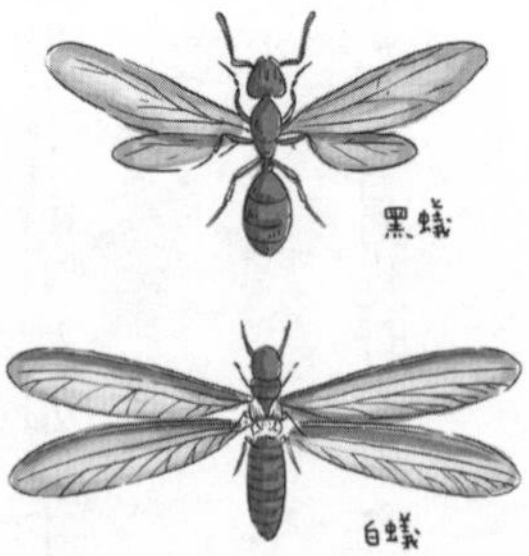

於是把墨蘭波斯請到面前，說道：

「我坐擁龐大的牛群，人生一帆風順，但是有件事使得我深深體會到，我也有做不到的事，那就是我兒子無論怎麼努力都生不出孩子。我擁有再多的財產，如果沒有後人繼承，也沒有什麼用。你能不能占卜看看，我到底要怎麼做才能獲得孫子？如果你做得到，我不但放你自由，還會把牛也送給你。」

「好吧，我就試試看囉。但是，請你要遵守約定。」說完，墨蘭波斯先把兩頭牛獻祭給阿波羅，接著切開牛的肉，把肉塊撒向四周的地面。

很快的，肉的血腥味引來了兩隻飢腸轆轆的**禿鷹**，飛落在肉堆上，**大快朵頤**。這兩隻禿鷹聊起天：

「上次在這裡享用獻給神的祭品，已經是很久以前

禿鷹

鷹屬的猛禽。體型最大的鳥，可達一公尺長。肉食性，嘴喙彎曲銳利。棲息於草原或荒野，以動物死屍為食。

大快朵頤

盡情享受食物的樣子。

的事了。」

「是啊，還記得這家的小主人在孩提時代，看到了父親揮舞著沾滿血跡的劍，嚇得發不出聲音呢。」

「沒錯，為了避免嚇到兒子，父親連忙把沾血的劍扎入橡木樹幹。現在，那把劍已經完全包進樹幹裡面了。」

「如果再這樣置之不理，這家的人是絕對生不出後代的。」

「那麼，要怎麼做才能補救呢？」

「取出劍，再刮下劍上的鐵鏽，然後把鐵鏽泡水喝下，連喝十天就行了。不過，愚昧的人類不可能知道這個方法。」

兩隻禿鷹填飽肚子，發出嘲笑的鳴叫聲後，就這樣飛走了。

墨蘭波斯按照禿鷹的話去進行，不久菲拉克斯果然如願抱到孫子了。

接下來的事情，也如同預言所說的那樣，菲拉克斯遵守約定，把牛送給墨蘭波斯，讓他將牛帶回到引頸企盼他回家的弟弟身邊。

墨蘭波斯由於聽得懂鳥獸蟲語才能幫助弟弟娶到美麗的新娘子，不過仔細想一想，真正的原因應該是他善待動物，才能獲得這些福氣吧。

駕駛太陽神戰車的少年費頓

太陽神赫利厄斯住在位於東方的天空盡頭一座金碧輝煌的壯麗神殿中。神殿的屋頂用潔白的**象牙**鋪飾，圓柱上鑲滿寶石，像火燄一般閃耀動人。

這時，太陽神的兒子費頓，正**氣喘吁吁**的爬上通往神殿的陡峭樓梯。一直以來他和母親住在凡間，這是他第一次為了與親生父親相見而來到神殿。

話說從頭。

從前有一次，費頓在角落裡哭泣，母親問他為了什麼事而難過，他回答：

「大家都嘲笑我沒有爸爸，讓我很不甘心。」講完，又繼續哭個不停。

母親猶豫了一下，然後對他說道：

「我隱瞞到現在，都沒有讓你知道，其實，你的父親身分十分尊貴。你聽了可別嚇一跳，他是太陽神赫利厄斯。他沒有和我們住在一起，是因為人和神的地位相差太懸殊。我是為了你好，才隱瞞至今，不過既然你為此飽受欺凌，你就據實向朋友們說吧。」

然而，費頓的朋友聽到他說他的父親是太陽神時，不但不相信他說的話，反而嘲諷道：

「少騙人了，如果是真的，你就去天上駕駛太陽神的戰車讓我們看看，這樣才能證明你是神之子。」而這些話深深的刺激了費頓，決心要去和父親見一面。

費頓走進太陽神的神殿，朝中央寶座筆直走去。

這時，他感受到周圍異常的高溫，彷彿有什麼正在燃燒似的。他半信半疑，內心懷疑著自己真的是由這樣一位擁有超凡力量的神所生的嗎？

象牙

象牙在古代被用來製成工藝品或裝飾品，是極為貴重的材料。然而取象牙就必須殺死大象，二十世紀起，全球的象隻數量快速下降，為防止大象滅絕，大部分國家已禁止象牙的買賣。

氣喘吁吁

形容呼吸急促，大聲喘氣。吁，音ㄒㄩ。

太陽神穿著紫色的衣袍，坐在正廳的**翡翠**綠寶座上，氣勢威嚴。他的兩側分別站著「日」、「月」、「時代」、「時間」這四位侍神。另外還有四名仙女佇立在旁，頭上戴著花環的是「春」；頂著麥穗冠冕及穿著輕薄衣物的是「夏」；「秋」則身穿由葡萄汁染成的紫色服飾，而「冬」有著一頭白色蓬鬆的鬈髮。

費頓在凡間從來沒有看過如此莊嚴的景象，大受震撼，差點站不起來。太陽神向來都是從高空俯視天界與凡間的一切萬物，他開口說道：

「吾兒費頓啊，過來我這裡吧。告訴我你有沒有什麼想要的東西呢？」他慈祥的詢問兒子。

「怎麼了？吾兒，不敢走上前嗎？在這裡，沒有人不知道你是我的兒子。每天，我在天亮之前就離開神

翡翠
玉石的一種，顏色翠綠。
翡，音ㄈㄟˇ。

殿，一步一步沉穩的踩著暗沉的雲朵。這時，黎明女神已打開大門，等候我的到來。然後，我會坐上由鍛造之神精心打造的黃金戰車，鞭策四匹駿逸的天馬，緩緩駛往空中，執行我的職責。

但是，不管我再怎麼忙碌，當我駕車經過你的上方時，一定會勒緊韁繩，讓馬略微逗留，好讓我從遠處看著你。」

「我的父親真的是神嗎？原來母親沒有騙我。如果您真的是我父親，請證明給我看。」費頓回答。

太陽神聽了這番話，摘下頭上那頂迸射耀眼光芒的頭冠，招呼費頓到自己的身邊來。

「過來吧，這樣就不會刺傷你的眼睛了。」

費頓一靠近，太陽神就像深怕再失去兒子般的將他緊緊抱住。

「哈哈，只要是我心愛的兒子請求，絕對沒有問題。我依循眾神的慣例，在此宣誓，不管你有什麼要求，我都答應。」

話還沒說完，費頓就靠在父親的膝邊，提出要求：

「那麼，我希望能駕駛父親大人的戰車，代行父親的職責，在天上巡邏一天。」

頓時，太陽感到頭疼萬分。既然已與費頓約定好，即使貴為神也不能出爾反爾，可是他晃了晃迸射光芒的頭，試著勸阻兒子：

「這對你來說太早了。雖然說神不能背棄自己立下的誓言，偏偏你的這個願望，我是無論如何都不能答應，你還是換一個吧。駕馭馬車是件危險的差事，你還是孩子，根本無法勝任。而且，你是個凡人，無法駕馭我的馬車，不，應該說，即使是其他的神也做不到。

你或許不知道，每個神都有各自專屬的職責，我的工作就連法力無邊的宙斯也無法勝任。所以你認為，區區一介凡間孩童如你，能夠做得到嗎？」

但是費頓心意已定，不肯變更願望。

太陽神繼續勸他：「通往天空的路，一開始就異常陡峭，就算是在天亮之前，在馬匹精力最充沛的時候出發，攀登起來也很艱辛。而且，從高空邊緣向下俯瞰，看到陸地和海洋離得這麼遠，就連我每天看慣了同樣景色，也會頭暈目眩，心臟狂跳而顫抖。

下坡的路則是急轉直下。必須牢牢抓住轠繩，否則一不小心就會墜落至海中。即使通過了這段路，由於天空的軸心一直在旋轉，還是很容易出意外，墜落地面。」

但是，費頓聽了仍然堅持己見。太陽神只好繼續勸導：

「你或許以為，在天上會看到眾神的神聖森林和宮殿，還能看到璀璨亮麗的星空，事實上這一路上危機四伏，有時還得穿越野獸和怪物橫行的地區，要是稍微走偏了，等待你的將會是橫衝直撞的**金牛座**和發怒的**獅子座**，還有不懷好意的**天蠍座**也會在旁邊舞動著毒螯。另

太陽運行軌道

這是指人們從地面看太陽在天空移動的軌跡。古人還不知道天文原理，以為大地是不動的，由日月星辰繞著大地轉動。古人看太陽每天在東方升起，在西方落下，以為太陽每天依循軌道運行，自東向西移動。

外，這四匹馬的口鼻噴出來的全是火燄，你根本駕馭不了牠們。

我苦口婆心勸你了大半天，你還打算要向旁人證實我是你的父親嗎？我如此擔心你的安危，不正說明了我是你的親生父親嗎？再過來一點吧，如果你能透過我的眼睛，看透我的心思，就會知道我有多麼關心你。現在反悔還來得及，你還是向我要別的東西吧。」

太陽神從來不曾向任何人低過頭，現在卻出言懇求。只不過，費頓還是不肯點頭。

「舉凡陸、海、空三界的事物，只要是你想要的，我都可以給你。拜託你，換個願望吧。」

眼看勸說還是無效。太陽神萬分無奈的嘆了口氣：

金牛座（第209頁）

黃道帶星座之一。如前章的〈伊底帕斯的試煉〉中所提到的，宙斯化身為公牛，拐走美女歐羅巴，與她生下幾個兒子。宙斯為了紀念這件事，把一個星座命名為金牛座，並把他與歐羅巴相遇的那片大陸命名為歐羅巴，也就是後來的歐洲。

「好吧，就算我可能會受到懲罰也還是要實現你的願望，一旦立下誓言，就算是神也無法食言。」說完這些，太陽神已難過得無法再多說了。

而費頓就像個迫不及待要去冒險的孩子，完全無法體會父親的擔憂。他眼中只看到戰車，等不及要搭上那輛從車身、車軸到車輪都由黃金打造的戰車。

這時，遙遠的東方天空出現一抹**薔薇**色的曙光，把宮殿的殿門瞬間染成一片艷紅。接著，原本燦爛閃爍的繁星一顆接著一顆消失了，最後只剩下象徵拂曉將屆的金星仍在天上閃耀著。等到金星和弦月都消失以後，太陽神懷著沉重的心情，命令時間女神準備馬車。

時間女神從馬廄牽出活力十足的馬匹，牠們在夜間飽食神賜的食物，這時已充滿力氣。女神將轡具牢牢套

獅子座（第209頁）
黃道帶星座之一。希臘神話中，宙斯為了紀念海克力斯的功績，就把他殺死的那頭獅子升到天上成為星座，也就是獅子座。

上牠們。

太陽神在費頓的臉上塗抹油膏，好讓他承受灼熱的火燄。接著，為他戴上熠熠生輝的頭冠，同時告誡他：

「我答應要滿足你的願望，但是有幾件事你務必要遵守。首先，不要使用鞭子，要緊緊抓住韁繩，千萬不要放開。馬自己會跑，但你要小心控制牠們奔跑的速度。還有，切記，你要依照**車轍**的痕跡行駛，絕對不要升得太高，以免把天穹燒焦；也不要降得太低，否則大地會燃燒。」

叮囑完注意的事項，最後，太陽神沉重的說：

「剩下的就交給命運了。不過，現在你還有機會可以改變主意。拜託你，還是讓我來駕駛戰車吧。」

費頓年少不懂事，根本看不見父親的目光滿懷悲

天蠍座（第209頁）
黃道帶星座之一。蠍，音ㄒㄧㄝ，一種節肢動物，尾部末端有毒螯，用來防衛或補食。

傷。他從太陽神的手中接過韁繩，說道：

「父親大人，謝謝您。」

說完，就縱身躍上戰車出發了。憂心忡忡的太陽神，或許已預感到心愛的兒子無法再活著回來，一直凝望著他逐漸遠去的身影，遲遲不願轉身離開。

天馬的馬蹄聲，踏破清晨厚重的雲層。費頓駕著戰車，朝高空奔馳而去。才過沒多久，天馬立刻發覺車子比平常輕得多，原來駕駛者並非平時習慣的太陽神，而是一個人類小孩。

戰車在空中搖搖晃晃地前進，彷彿一輛空車。天馬焦躁不安，並且偏離了平時行走的路線，接著狂奔了起來。費頓不懂得如何拉韁勒馬，根本無力把戰車拉回原來的軌道，很快的，他連自己置身何處都不知道了。

薔薇（第211頁）

薔薇科植物，觀賞用。古代女性也會把薔薇花朵插在頭髮上。薔薇的花可以提煉成精油，香氣濃郁。

車轍

車輪經過的痕跡。轍在這裡讀成ㄔㄜˋ。

在北方高空閃閃發光的北極星和北斗七星，生平第一次被突如其來的炙熱火燄燙傷了。原本它們是永恆固定在空中，這時嚇得躲進冰冷的銀河中；本來長蛇座在鄰近北極的地方冬眠，這下也被熱醒，狂躁騷亂，四處咬人；就連行動緩慢的牧夫座，也趕忙牽著牠的牛逃開。

這時的費頓六神無主，不經意從高空往下看，地面已經渺小到幾乎看不清楚，他嚇得臉色發白、雙腿顫抖、兩眼發黑。

「早知道就許下別的願望，不要央求父親讓我駕車。」費頓後悔不已。就在這時，天蠍座的毒螯突然從濃密的烏雲中伸出，朝他襲來。

「好可怕！差點被毒螯刺到。」

費頓嚇得魂不附體，一不小心就鬆開了手中的韁繩。馬兒一失去韁繩的控制，立即在天空中肆意狂奔，朝星空之間的陌生地域奔去。牠們一會兒衝出雲霄，竄入群星，一會兒又驟然下降，貼著地面高速飛馳。

當戰車駛過世界上最高的山峰時，峰頂萬年不化的冰雪紛紛消融了，接著，整座山燃燒了起來。牧場上，水分不斷的流失，原本碧草如茵，此刻已不復翠綠，穀物糧作也紛紛枯死。山林焚燒，泉水蒸騰，城鎮也化為灰燼，連城牆的石壁也因禁不住高溫而紛紛剝落。

終於，費頓回過神來。舉目所見，無論天上地面，整個世界已經陷入一片火海。太陽神的戰車也像是悶在爐灶裡蒸著似的異常灼燙，不時冒出火花和黑煙，使得費頓睜不開眼睛，但是發狂的天馬卻依然拖著戰車四處胡亂奔跑。

據說，衣索比亞人的皮膚會那麼黝黑，就是在這時烤焦的；**利比亞**被燒得寸草不留，變成了現今所見的荒漠。

寧芙仙子們披頭散髮，為失去水鄉澤國的家園而哀

利比亞
現在是一個位於地中海南岸的非洲國家。古代的人把地中海以南整片非洲北部都稱為利比亞，認為那裡都是沙漠。

泣。大地龜裂，灼熱的光線從上而下穿透巨大的裂縫，直射死者的國度，嚇壞了冥王和他的王妃。

大海逐漸乾涸，原本波浪拍擊的地方如今變成連綿不盡的沙漠；原本棲息在海中的魚類，如今都陳屍在滾燙的海面上；原本活潑好動的海豚也不敢在海面上跳躍翻舞了。

就連居住在深海的海神族，也受不了酷熱的水溫而大傷腦筋。大地女神蓋亞被折騰得半死不活，不禁向宙斯高聲呼喊：

「宙斯啊，既然全世界都已陷入火海之中，你還不如用**雷鳴與閃電**把一切化為烏有。我辛辛苦苦供應人類穀物、給予家畜糧草、在群山中遍植樹木，從來沒有片刻歇息過，你怎麼忍心讓辛勞的我繼續承受痛苦？難道

雷鳴與閃電

希臘神話裡，宙斯掌管天空，他高興時就會放晴，流淚時就下雨，生氣就會打雷。宙斯還把雷鳴和閃電當成武器，根據情況而使用運、命和神旨這三種雷擊。

要看我灰頭土臉的慘樣嗎？乾脆把陸地、海洋和天空都都融成一體算了。」

大地女神抱怨完這番話後，隨即躲進死者國度附近的洞穴裡。君臨眾神的宙斯，一直密切注意著費頓的戰車去向，遲遲不忍心出手把他擊斃。如今情況變得糟透了，他只好召集眾神到他的寶座前方，準備採取最後的處置手段。萬念俱灰的太陽神也出席了。

「就是因為你讓兒子得到他不該得到的東西，才會造成悲劇，你該讓他知道，好好待在地上，享受陽光帶來的好處，是多麼幸福的事。」

宙斯盤算著要這麼對太陽神說，想如往常招來雲朵將他載往天空最高的地方與眾神會面，然而炙熱的高溫把水氣都蒸散了，一朵雲也無法集成，只好直接就對著天空中亂竄的戰車投擲閃電。

費頓的戰車當場就被宙斯的閃電擊成碎屑，散落開來，天馬也驚慌得四處逃竄。費頓早已嚇到氣絕，像隕落的流星般直直向下墜落至河中。

河神非常同情費頓，含著淚光，以冰涼的河水洗淨他的屍身。而水中的寧芙仙子將他埋葬後，為他建了一座墓地，墓碑上寫著：

費頓在此永眠，他曾駕馭父親的戰車遨遊天際，可惜力有未逮，無法完成偉大的功業，不幸死於非命。

太陽神悲痛萬分的捂住臉，一整天都沒有露面。傳說，這一天，世界籠罩在伸手不見五指的漆黑之中。

費頓的姊妹們來到河邊，悲傷萬分，不斷哭泣，久久不願離去，最後她們都變成了**柏樹**，而她們的眼淚則變成了**琥珀**。

後來，太陽神走出喪子之痛，依然在天亮之前就讓黎明女神做為開路的先鋒，再駕馭馬車，駛往高空，然後以強大而溫熱的陽光照遍天空和大地。入夜後，他拜訪大洋之神俄刻阿諾斯位於西方盡頭的瑰麗宮殿，直到

柏樹

柏科植物，落葉喬木，高度可達三十公尺。葉子為細針狀，廣泛分布在世界各地，是常見的針葉木。

深夜，他才搭乘鍛造之神所打造的黃金船，從西方橫渡大海返回東方。如此日復一日，直到今天都沒有改變。

琥珀（第219頁）

松樹或杉木等植物的樹脂埋在地底經過地層擠壓、地熱變化等過程而形成的一種化石，美麗且通透的黃色之中，有時會包含動植物。可採集的量非常稀少，因而被視為貴重的寶石，多拿來做成飾品。

變成蜘蛛的少女

很久很久以前，有個精通織布與紡紗的少女，她的父親是名地位卑微的染織工，微薄的收入只能讓一家人勉強果腹。

少女——雅拉克妮雖出生在小村落裡貧窮的家庭，但是她高超的編織技藝卻享譽全國。

人們常常爬上兩旁垂滿葡萄藤的斜坡，來到雅拉克妮的家，向她購買精美無比的織布。每當雅拉克妮織起布，用她那纖細的手指把成堆的羊毛織成柔軟細緻的布匹時，總是吸引不少人上前來欣賞她的高超手藝。

大家稱讚她：

「太厲害了，妳是向誰學習的呢？一定是雅典娜女神把技藝傳授給妳的吧。如果女神的編織技藝是天上第一的話，那麼，人間第一就鐵定非妳雅拉克妮莫屬了。」

眾人不斷的讚美，讓少女驕傲了起來，她竟反駁說：

「才不是呢！我從來就沒有跟女神學過什麼，女神再怎麼厲害，水準頂多和我一樣，我根本不必向她學習。如果她能來這裡，我倒願意跟她一較高下！」

圍觀的群眾聽到她的宣言，驚訝得說不出話來。雅拉克妮接著又補充：

「萬一我不幸落敗了，無論女神如何懲罰我，我也不會有任何怨言。」

有一天，有位白髮蒼蒼、**衣衫襤褸**的老婆婆，步履蹣跚的走來到她家門口，說道：

衣衫襤褸
音一 ㄕㄢ ㄌㄢˊ ㄌㄩˇ。
形容衣服破爛的樣子。

「妳竟敢誇口說自己比女神厲害，區區一介凡人竟敢如此得意忘形，該好好收回妳的話，誠心向女神道歉才對。」

雅拉克妮不僅聽不進老婆婆的勸告，還嗤之以鼻的回嘴：

「多管閒事！妳憑什麼對我說教？這些話回去對自己的媳婦說吧。妳是不是活太久了，搞不清楚誰是誰了啊？」

由於眾人在四周圍觀，雅拉克妮更加盛氣凌人，說道：

「再說，為什麼雅典娜女神不敢來和我比試一場？我巴不得她現在就來……」

「這就如妳所願！」

老婆婆高聲一喝，破爛的衣服瞬間變成亮麗服飾，衰老不堪的老婦人也恢復成英姿煥發的雅典娜女神。女神為了考驗人類，總是喜歡隱藏自己的真面目，下凡探訪。對此完全不知情的雅拉克妮，剛才已當著女神的面說出大不敬的話語。

圍繞在**織布機**周邊的婦女嚇壞了，紛紛伏地跪拜，並且苦口婆心勸告雅拉克妮，要她趕緊向女神道歉。

雅拉克妮一開始也被這突如其來的景象嚇得從椅子上跳了起來。只見她兩頰通紅，激動萬分。但是她很快就定下神來，並且不願改變她的心意，還是要與女神對決。

「非常感謝大家的關心，我的話既然已經說出口了，就不打算收回。女神既然在這裡，我們就趁這個機會一較高下吧。讓大家評評理，看誰比較厲害。」

雅拉克妮對自己的技藝相當有自信，非要與女神現場比賽編織不可。此刻，她還不知道，可怕的命運正在等著她。

很快的，兩架織布機已擺放在房間的兩側，紡線也連接在織布機上，經線、橫線和**梭子**全都準備好了。

兩人背對背，各據一架織布機。為了避免妨礙到紡

織布機（第223頁）

編織的器具。在一個大框架上，把線分別排成直向與橫向，再用梭子在其間穿梭，編織成一整片。在希臘神話裡，織布機是女神雅典娜發明的。

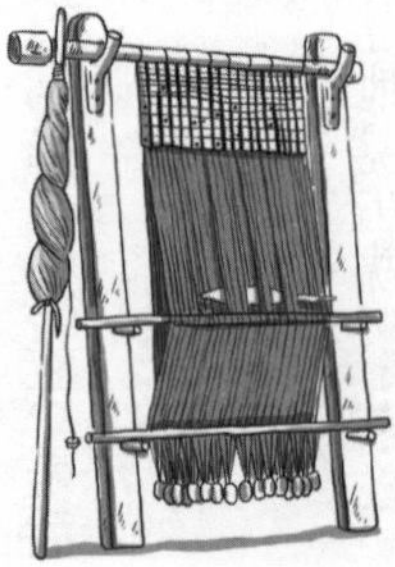

織，兩人都撩起衣袍，披在肩膀上，接著用纖細的手指和梭子開始紡織。在外行人看起來一模一樣的紡線，她們一眼就能分辨出微妙的色澤差異，所以兩人很快都織出綺麗的圖樣。

女神的織布上，織繪了奧林帕斯十二位主神。威風凜凜的宙斯旁邊是海神波賽頓，他高舉三叉戟，朝岩石敲下，泉水則從石縫間湧出。還有雅典娜本人，手執一副鑲嵌著梅杜莎首級的盾牌，頭戴盔帽，以長槍扎擊地面，地面頓時冒出一株結實纍纍的橄欖樹，這是在描述她賜予雅典人橄欖樹的故事。布的四個角落，還織了對神不恭的狂妄人類遭怪鳥、大山和巨岩攻擊，景象非常悲慘。

女神完成的織布作品，描繪的是世界剛創造出來的

梭子

一種編織用的道具，搭配織布機使用。也叫做杼，音ㄓㄨˋ。

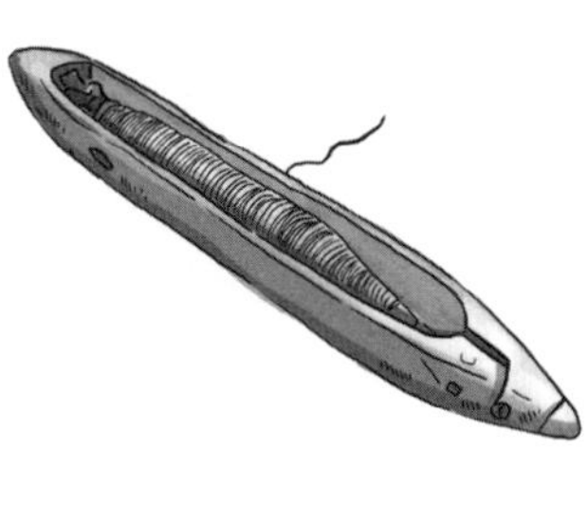

場景，神施予人類恩澤，也降下懲罰，是一幅相當出色的優異傑作。

至於雅拉克妮，她完成的是什麼樣的作品呢？只見她在織布上織出宙斯、波賽頓和戴奧尼索斯等眾神，他們幻化成各種姿態欺凌著人類，那些場景讓人不忍注視。其中一角，有位少女驚慌奔逃，向岸邊人群求救，卻仍遭化身為公牛的宙斯擄往遠洋，模樣栩栩如生，彷彿隨時會奔出畫面外，畫面中的波浪飛沫都讓觀看的人以為快要濺到自己頭上了。

最後，她在布的四個角落織上了由**常春藤**和花鳥組成的華麗花邊，精美的程度不輸女神的作品。兩人織出來的主題大相逕庭，但是技藝的表現卻不分軒輊，實在很難判斷誰高誰低，眾人只能佇立在織畫前，低聲讚嘆

常春藤
葡萄科植物，葉端呈捲鬚狀，可以吸附岩石或樹木而攀爬蔓生。對環境的適應性很強。

著。

女神對於雅拉克妮盡是織出神做的壞事感到非常憤怒，大聲斥責她：

「神不是妳可以隨意**詆毀**的！」

她走到雅拉克妮的作品前，將它撕成碎片，再拿起梭子狠狠敲了兩、三下雅拉克妮的頭。

女神凶惡的目光著實嚇到了雅拉克妮，這個時候她才知道自己闖禍了，但後悔已來不及，驚慌失措的她將綁在樑上的繩結一把拉來套在脖子上，眼看就要踢走踏台上吊之時，女神早一步將她抱了下來，低聲在她耳邊說：

「這樣就讓妳死掉的話，太便宜妳了。我要妳活著，一輩子懸吊在空中贖罪吧，無知的人！」接著，在

詆毀

詆，音ㄉㄧˇ。以言語或文字指出別人不好的地方。

雅拉克妮的身上灑了毒草汁液。

不可思議的事發生了。雅拉克妮的身軀一轉眼就縮得很小很小，原本濃密的頭髮掉落一地，頭皮、耳朵和鼻子也萎縮消失，最後只剩一具圓形的軀體。原來，雅拉克妮變成了一隻蜘蛛。

女神對雅拉克妮施予嚴苛的懲罰，但是仍然保留了她靈巧的手指，從此以後，雅拉克妮總是從肚子拉出絲來，她就像還在織布一樣，在屋簷下或樹枝間不停編織著細緻的蜘蛛網。

後此，「雅拉克妮」這個名字的含意，指的就是蜘蛛。

變成水仙的納西瑟斯

一位寧芙仙子生下一名可愛的男嬰，不管誰看到這個嬰兒在搖籃裡酣睡的可愛模樣，都會認為他長大後一定是個英俊的男子。

他的母親帶他去找知名的預言師，想知道兒子未來的運勢。預言師卻告訴她：「若讓這個孩子看到自己，就無法長命百歲。」

這則預言的旨意到底是什麼意思？不論母親如何苦苦追問，但是都無法再獲得更詳盡的資訊。

光陰荏苒，這個名為納西瑟斯的可愛嬰兒長到十六歲了。一如眾人的預想，他長成英俊的美少年，無數女子對他一見傾心。然而，納西瑟斯總是擺出冷淡而高傲的態度，拒絕所有的人，從不與任何女子親近。

某一天，納西瑟斯為了追捕一頭鹿，闖進了森林裡，在茂密的樹林間，有人癡癡地凝視著他。

那人也是位寧芙仙子，名字叫做**愛珂**。愛珂無法開口講出一句完整的話語，只能重複別人說過的話的最後幾個字。

為什麼愛珂無法說出完整的話呢？事情的經過是這樣的：愛珂原本非常能言善道，也很喜歡與人聊天，只要打開話匣子，就會像是流水般滔滔不絕，對方連一點插話的餘地也沒有，也無法走開，只能乖乖站在原地聽她說話。

宙斯的妻子天后赫拉也曾經被她絆住。

嫉妒心超強的赫拉有個生性風流的丈夫——天神宙斯，他經常去後山找愛珂的姊妹幽會。愛珂為了不讓赫

光陰荏苒（第229頁）

比喻時間推移，逐漸消逝的意思。

荏苒，音ㄖㄣˇ ㄖㄢˇ。

愛珂

即英文字echo的由來，意為回聲、回音、附和。

拉去鬧場，三番兩次纏住赫拉，嘮叨個沒完沒了。赫拉非常生氣，便對愛珂下了詛咒：

「妳這個長舌婦，好大的膽子，竟敢多次妨礙我的行動。我要對妳那條可恨的三寸不爛之舌施予懲罰。從此刻起，妳將永遠失去講話的權利，只能重複別人說的最後幾個字。」

愛珂受到了赫拉的詛咒，再也無法自由開口說話。而在這件事之後沒多久，她遇到了納西瑟斯，對他一見鍾情。

由於她沒辦法隨心所欲說自己想說的話，只能悄悄跟在納西瑟斯的身後，跟著他走在渺無人煙的山路上，走向布滿岩崖的獵場，或是野獸聚集的水源地，遠遠望著他。越靠近，心中便會燃起一股炙熱的火燄，使得她好幾次都忍不住想衝出去對他說話，但是她實在是有口難言，只能暗自哀嘆，繼續躲著偷偷看他。

「啊啊，可惜我沒辦法開口說話，只能耐心等他向我搭話了。」

不久，她的願望實現了。正在打獵的納西瑟斯注意到有人躲在樹林之中，他出聲詢問：

「是誰？誰躲在這裡？」

「在這裡。」愛珂應聲回答。納西瑟嚇了一大跳，往四周環顧一圈，仍然不見對方的身影。他再度出聲喊道：

「到這裡來吧。」一喊完，樹林間馬上傳來回應。

「來吧。」

「快到這裡來，我們見個面吧。」

「見個面吧。」

愛珂非常高興，就為了聽到這一句話，她才藏匿在森林中，偷偷摸摸跟蹤。於是，愛珂從樹叢間跑了出來，奔向她朝思暮想的納西瑟斯。

然而，納西瑟斯看到一名素昧平生的陌生女子忽然朝自己撲來，又驚又怒，立刻把愛珂伸出來想擁抱他的雙手拍掉，大聲喊道：

「別碰我！被妳碰到，我還不如死掉算了。」

「還不如死掉算了。」這句話，成為愛珂此生說出口的最後話語。

愛珂被她心所愛慕的人斥退，感到絕望又羞愧萬分，便躲進森林深處的一處洞穴，不願出來見人。

從這一天起，愛珂再也沒有踏出洞穴一步。她的血肉不久之後便逐漸萎縮，最後只留下慘白的骨骸，然而她心中的愛意卻像生了根似的，永遠留在世上。她那天籟般的聲音，至今仍徘徊在山谷之間，回應著人們的呼喊。

另一方面，納西瑟斯後來怎麼樣了呢？

某一天，納西瑟斯來到一處清澈無比的泉水旁歇息，至今沒有一隻山羊來到這潭清泉喝水，也沒有牧羊人發現這裡，是真正的世外桃源。四周古木參天，一絲陽光都照不進來，水氣繚繞，綠草濕潤。他彎下腰來打算飲水，卻看到水面映出一張脫俗俊美的臉孔。

他望著水中的人，魂不守舍。那人有著**大理石**般光亮滑潤的雙頰，如繁星般閃耀的眸子，還有尖削的下巴和象牙似白晰的細長頸子，看得納西瑟斯失了魂。他好幾次把手伸進水裡，想牽起水中佳人的手；他好幾次把嘴唇湊近水面，想親吻對方紅潤的雙唇。他完全不知道那個令他魂牽夢縈的水中倒影就是他自己，因為他母親唯恐預言成真，多年來想盡辦法把所有的鏡子都藏了起來，不讓他看到自己的面貌。

可是，一切都按著預言師的話發生了。

愚昧的納西瑟斯啊，你難道不知道自己愛上的只不過是虛假的幻影嗎？那只是你映照在水面上的倒影罷了。只要你離開池畔，他就會消失，你所迷戀的絕世佳人，其實是你自己啊。

納西瑟斯從那天之後，就不吃不喝，晝夜不分，呆

大理石（第233頁）

石灰岩受擠壓或經高溫變形形成的一種岩石。表面常有花紋，色澤有白、綠、黑、灰等等。希臘與義大利是重要的大理石產地。在歐洲，常見以大理石製成的建築和雕像。

坐在濕冷的池畔草地上，癡望著水中的倒影。

「你究竟是誰？為什麼我伸手，你也跟著伸手？我微笑，你也微笑？我悲傷哭泣時，你也落下**珍珠**般的眼淚？為什麼不管我再怎麼問你，你都不肯出聲回答？為什麼每當我伸入水面想觸摸你時，你就立刻不見呢？」

納西瑟斯對著水中的倒影說話，同時流下淚水，淚水滴落水面，導致倒影掀起一陣漣漪，很快又消散無蹤。

「為什麼你又逃走了？你到底去哪裡了呢？嗚嗚……」

納西瑟斯大受打擊，原本充滿光輝的雙眼和大理石般亮麗的肌膚，逐漸變得黯淡。

雖然仙子愛珂向納西瑟斯求愛遭到拒絕，但是她的

珍珠

貝類動物生產的產物。圓珠形，質地堅硬，散發出光澤。顏色有白有黃，也有粉紅。用來製成飾品，價值很高。希臘神話中，愛神阿芙蘿黛蒂誕生時是從海上升起，從她身上滴下來的水滴就變成了珍

靈魂一直守護著愛人，所以當納西瑟斯喊道：

「啊啊，太悲哀了。」

愛珂也柔聲回應：

「太悲哀了。」

當納西瑟斯傷心欲絕說出：

「既然這段戀情無法實現，那我還是不要活了。」

愛珂的靈魂也重複說：

「還是不要活了。」

最後，為愛憔悴的納西瑟斯，倒在池畔草地上，死了。

納西瑟斯的姊妹來到泉水附近找尋他的遺體，卻怎麼都找不到。最後，只在池畔發現了一株水仙。從此之後，「納西瑟斯」就成了水仙花的別名。

彌達斯國王點石成金

接著來講一個相當具有啟發性的故事。在這個故事裡，只要是主人翁碰到的東西，都會變成黃金。

在小亞細亞的**弗里吉亞**，國王彌達斯非常喜歡黃金，他穿的衣服是鑲金的服飾，坐的是黃金椅，就連餐桌和碗盤也清一色都是黃金打造的。大家想必認為他應該過得很幸福吧？事實上，剛好相反。

話說彌達斯的王宮裡有一座廣闊的玫瑰園，種植了種類繁多的玫瑰花，繁花似錦，美得猶如仙境，令人流連忘返。

彌達斯聽園丁說，西勒諾斯有時會在玫瑰園裡逗留，於是心生一計，把酒倒入泉水中，打算把喝醉的西勒諾斯抓起來。

西勒諾斯是長了馬耳、馬尾和馬腳的半人馬神。他博學多聞，上至天文下至地理，沒有他不知道的事。那麼，彌達斯為什麼想要抓住他？因為傳聞說，誰要是抓住了西勒諾斯，他就會把淵博的知識傳授給抓到他的人。

國王看準了這一點，才想要誘捕西勒諾斯。

一切就如同國王的計畫，西勒諾斯不小心喝下了混入美酒的泉水，在玫瑰園裡醉得不醒人事。在一旁待命的園丁們，就用玫瑰花製成的花鏈把他捆住，帶到國王的面前。

「聽說您是世界第一的智者，能不能請您告訴我一些從來沒有人知道的趣事呢？」國王見西勒諾斯甦醒過來，立刻幫他解開身上的花鏈，請求道。

弗里吉亞
古地名，所在位置約是現在的土耳其中部。西元前一千年建國，第二任國王就是彌達斯。

「可以啊。我就來講另一個世界的故事給你聽吧。」西勒諾斯完全不介意自己掉入了圈套，心情看起來還不錯。

彌達斯嚇了一跳，連忙問道：

「什麼？真的有另外一個世界嗎？」

「有的。就在俄刻阿諾斯海的對面，距離這個世界非常遙遠的地方，存在著兩個不同的世界。」

西勒諾斯說，這兩個世界，一個是「正直之國」，那裡的豪邸林立，人民謹守秩序，從不與他人起衝突，一生過著和樂融融的幸福日子。另一個則是「戰爭之國」，這裡的人一出生就全副武裝，一輩子都在與人爭戰。但是這兩個國家有一個共通點，就是境內都有取之不盡、用之不竭的金和銀。

「很久以前，這兩個國家曾經遠渡重洋，打算攻占我們這個世界。但是，他們看到這裡這麼貧瘠又烽火連天，覺得就算拿下了也沒有好處，於是轉頭又回到他們自己的樂土去了。」西勒諾斯講了一個古怪的故事。

貪婪的彌達斯聽到故事中的國家滿地都是金銀，整個人都癡迷了。西勒諾斯接著又說：

「承蒙您盛情酒招待，我很開心，就來為您實現一個願望當作回禮吧。」

「那麼，請讓我觸摸到的東西都變成黃金吧。」彌達斯不假思索，立刻提出要求。

西勒諾斯聽了，笑著允諾他：

「沒問題，不過到時候可別後悔喔。」

彌達斯喜出望外，目送西勒諾斯返回森林後，迫不及待回到自己的宮殿，心想：

「這下子，我就要成為世界第一的有錢人了！」

一路上，國王得意洋洋，他用手觸摸樹枝，樹枝立刻變成誘人的黃金；他拾起地上的石頭，石頭在手中便成了金塊。他大為驚喜，不禁跌坐在地，不料他手一碰觸地面，泥土轉眼化為金光燦燦的黃金地毯。

國王欣喜若狂，興奮的碰觸眼前所見的一切東西。沒多久，黃金果實、黃金麥穗先後出現在他面前，微小的飛蟲也在他的手掌上成了精緻的工藝品。當粗壯的樹幹迸射出奪人眼目的金色光芒，國王已經狂喜得說不出話來。於是，他就這樣一股腦兒在宮殿內觸摸他所能看到的一切。他走累了，在階梯上倚靠著扶手小歇一番，階梯的扶手一眨眼就亮得叫人睜不開眼睛。

國王得意洋洋的對下面的人說：

「趕緊去建造倉庫吧！數不清的黃金等著你們搬去放。」一邊吩咐邊往餐桌走去。僕人把洗手盆放在桌上，讓國王洗手，當他把手伸進水盆裡，濺起的水沫剎那間化為金粉，整盆水凝固成黃金。

餐桌上擺滿豐盛的餐點。國王拿起麵包，麵包立刻成了金塊；舉杯想喝酒，酒連同杯子都成了硬梆梆的黃金。不管國王拿哪一道菜，全都在一瞬間變成黃金。最後，他只好餓著肚子，眼睜睜望著滿桌餐點卻無能為力。

國王口渴難耐又飢腸轆轆，這才知道自己許下了一個愚不可及的願望。

在舉目所見盡是金光燦燦的廣大宮殿內，彌達斯坐在金光燦燦的地上，雙手合掌，虔誠的向西勒諾斯的主人——酒神戴奧尼索斯禱告：

「都是我思慮不周，請您將點金術收回吧！」

「好的，我聽到了。既然如此，你就到那條河的源頭，以湧泉沖去身上的邪穢吧。洗過之後，附在你身上的點金術和罪過就會被淨化。」

彌達斯依照酒神的旨令，走到水源地，以泉水淨身，附在他身上的罪業果然驅除乾淨。這時不論他摸任何東西，都再也不會變成黃金了。有了這次的親身體驗之後，彌達斯王有好長一段時間，只要看到金黃色的東西都覺得噁心想吐。至於那條河川呢，後來成了一條富含**砂金**的河。

砂金
從水中砂礫裡淘洗而得的黃金，通常是微小如沙粒的金砂。

國王有一對驢耳朵

有一次，阿波羅與牧神潘進行一場音樂演奏競賽。彌達斯應邀來當這場比賽的裁判。

彌達斯自從經歷了前述的點石成金的事件後就非常厭惡金銀珠寶，轉而喜歡親近大自然，也因此特別崇拜牧神潘。

潘先上場，他用蘆葦吹奏了一首田園風格的曲子。接下來上場演奏的是阿波羅，他一頭飄逸金髮，頭上戴著**月桂冠**，左手抱著豎琴，右手撥弄琴弦，彈奏出美妙絕倫的樂曲，在場眾人都為阿波羅鼓掌叫好。不過，身為裁判的彌達斯卻判定得勝的人是牧神潘。

阿波羅怒不可遏，破口大罵：

「演奏的好壞都聽不出來，簡直蠢得跟驢一樣！」

說完，便把彌達斯的耳朵削掉，換上一對驢耳朵。

彌達斯感到十分丟臉，平時都用**頭巾**緊緊的裹住驢耳朵，不讓別人發現。他覺得這實在是有損國王的威嚴，所以從來不讓他的人民知道這件事。

可是，這個不可告人的祕密還是被某個人知道了。那人是國王的御用理髮師。因為，即使貴為國王，修剪頭髮時，還是得把頭巾取下。

理髮師知道，如果洩露了這件事，必定會遭到國王的處罰，但是他實在心癢難耐，最後他想到一條妙計。

理髮師去到人煙罕至的荒野，在地上挖了一個洞，然後他對著洞穴吶喊：

「國王有一對驢耳朵！國王有一對驢耳朵！」喊了

月桂冠

使用月桂樹的枝葉做成的頭飾。月桂樹高十餘公尺，樹皮光滑，葉片很厚，葉面光滑呈深綠色，葉底呈淺綠色。

希臘神話中，月桂代表了「阿波羅的榮耀」，希臘人會把月桂的小枝葉戴在競技勝利者的頭上。

幾次之後，他再把洞穴填平，然後心滿意足返回王宮。

不料，事情過了沒多久，那個洞穴竟然長出了一叢蘆葦。每當有風吹拂時，蘆葦就會叫喊道：

「國王有一對驢耳朵！國王有一對驢耳朵！」有個經過這個地方的旅人聽到了蘆葦的叫喊，就這樣一傳十，十傳百，後來所有人都知道國王的祕密了。

頭巾（第245頁）

纏在頭上的布巾。以一長條布或麻巾繞著頭纏綁，從布的顏色與綁法可判定此人的身分、宗教信仰等……在北非和中東等地區很盛行。這種纏頭巾通常是男性使用。

悲傷的戀愛

畢拉穆斯與緹絲碧是一對青梅竹馬。畢拉穆斯是鎮上最英俊的青年，而緹絲碧則是最美麗的女孩。

兩人是鄰居，從小到大玩在一起，因此成了好朋友，長大後，友情在朝夕相處下逐漸轉化成愛情，兩人墜入愛河之後，便興起了結婚的念頭。

然而，這兩家的家長卻始終處不好，時常為了雞毛蒜皮的事起爭執。雙方家長當然是堅決反對孩子們的婚事，除了禁止兩人繼續交往，就連平時也不准他們見面。後來甚至將兩人軟禁在家中，嚴密監視。

這兩家之間隔著一道堅硬的石牆。儘管畢拉穆斯與緹絲碧都受到限制、不能外出，但是為了接近意中人，兩人時常來到石牆面前。心愛的人只在咫尺之遙，如果聲音能越過石牆，就能無拘無束、談天說地，那該有多好。

幸好，兩人偶然在石牆上發現了一道裂縫，雖然只是一道非常細的裂縫，但是這對彼此深愛的戀人來說，真是個不可多得的好地方。

有時，緹絲碧睜大單眼，深情的凝視著男友；有時，畢拉穆斯會輕輕撫摸緹絲碧伸過來的一隻手指尖。這道縫隙也只能夠讓一根手指通過。

儘管無法看到對方的身影，但是這並不妨礙他們談話。兩人經常低聲傾訴著內心話，感受彼此的熱烈心意。

「難道這道石牆在嫉妒我們嗎？否則怎麼會如此殘忍，將我們區隔開來。裂縫應該再大一點，讓我們可以看到彼此。」緹絲碧抱怨著。

「不過，多虧有這道裂縫，我們現在還能說說話，已經很值得感謝了。」畢拉穆斯安慰著。

話雖如此，只能隔著石牆裂縫交談實在太折磨人了，經過無數次的討論後，他們決定逃出家長的監視，偷偷在郊外會合。

「那麼，就在城外的墓園碰面吧。那裡有一棵高大的**桑樹**，樹上結實纍纍的白色桑椹，就算是在黑夜裡也不會認錯路。在那株桑樹的旁邊還有一潭清澈的泉水。」

畢拉穆斯做了決定。

到了約定會合的這天，兩人覺得時間過得異常緩慢。白天裡，漫長的等待真是令人焦慮難安。總算，夜幕低垂的時刻終於來臨了。

緹絲碧打開門鎖，悄悄離開家，並且小心翼翼把門闔上。此時，外面已經一片漆黑。

「應該沒有人發現吧？」

她拍了拍胸脯，呼了口氣。她臉上蒙著一塊黑色面紗，腳步匆匆，朝墓園的方向走，往高大顯眼的桑樹前

桑樹

桑科桑屬的落葉植物。常可在田地和山野見到。桑樹的果實叫做桑椹，剛結果時是紅色的，要等轉深紫色之後才可食用。桑樹的樹葉可養蠶，樹幹可製成木材，是非常實用的植物。

進，愛情的魔力給了她莫大的勇氣。

緹絲碧先到達約定的場所，等待畢拉穆斯到來。這時，她看到一頭獅子走到泉水邊喝水。月光穿過雲間，映照出獅子的模樣，牠剛吃過獵物，嘴巴和胸口都沾滿了鮮血。緹絲碧嚇得雙腳發軟，站不起來，她連忙爬進一個只能容納一人的洞穴，渾身顫慄不已。慌亂中，她臉上的面紗鬆脫，掉落在桑樹底下。

獅子喝夠了泉水，注意到掉落在地面上的面紗，用鼻子嗅了嗅，再環顧四周，卻找不到面紗的主人。牠生氣的用牠沾滿血跡的利牙將面紗撕扯成碎片，才緩緩離開了現場。

這些情況，畢拉穆斯當然都不知道。當他慌慌張張趕到桑樹下，就聞到一股似有若無的血腥味，而潮濕的墓園地上則印著獅子的足跡，看起來是不久之前才留下的。

畢拉穆斯臉色發白。他拾起地上的面紗碎片，發現面紗上沾滿了鮮血，原來他剛才聞到的腥味就是面紗所散發的。

「這是緹絲碧的面紗，難道她被獅子吃掉了嗎？啊，一定是，都怪我不好，要不是我花了太多時間才從家裡逃出來，緹絲碧也不會一個人在這裡等我，最後慘遭獅子咬死。」畢拉穆斯心想著：

「如果我沒有約今晚見面就好了，是我害死了妳，真是太可憐了，獅子襲擊的時候想必很痛苦吧？想必希望我趕來救妳吧？獅子啊，不管你們有多少隻，趕緊吃了我這個罪人吧……不，這種死法太卑鄙、太怯懦了，我應該自行結束生命才對。」畢拉穆斯坐在高大的桑樹下，淚流滿面，緊緊抱著緹絲碧的面紗，自言自語。

「來吧，面紗，來喝我的鮮血吧。讓我的血和緹絲碧的血結合在一起吧。」畢拉穆斯吶喊完這幾句話後，就拿出了劍，一劍刺進自己的側腹。當他用殘餘的力氣把劍拔出時，鮮血頓時噴湧而出，濺濕了放在他膝蓋上的面紗，也噴濺到樹上的桑椹果實，染成了暗紅色。

另外這邊，緹絲碧躲在狹窄的洞穴裡，瑟縮成一團。她很不安，等待著畢拉穆斯的到來。等了很久，仍不見意中人的身影。於是，她戰戰兢兢，爬出洞外，回到桑樹下。然而，當她看到原本白色的桑椹變成了暗紅色時，十分不解，還以為自己走錯了地方。於是她抬頭觀望了周遭，看到不遠處有人倒臥在地上。

緹絲碧尖叫出聲，她好害怕她擔心的事情真的發生了，但是她仍然鼓起勇氣走上前。果然是畢拉穆斯倒臥在血泊中。看著眼前的景象，她完全不敢置信，以為是神在開她玩笑。

她連忙抱起畢拉穆斯，急喊道：

「快醒醒，我是你摯愛的緹絲碧啊。到底發生了什麼事，讓你變成這副模樣？獅子不是早就已經離開了嗎？難道你是在別的地方遭到牠的襲擊？」此時緹絲碧如泉湧般的淚水，不斷滴落在畢拉穆斯的臉上。

緹絲碧溫熱的淚水，讓畢拉穆斯恢復了意識，他微微張開由死亡陰影籠罩的雙眼。但是，他只看了一眼緹絲碧的臉龐後，對她微微一笑，隨即就閉上雙睛，沉入永眠中。畢拉穆斯的笑容漸漸消逝，他的頭垂落在緹絲碧的膝上。

緹絲碧看到畢拉穆斯一手抓著被撕成碎片的面紗，一手握住拔離劍鞘的劍，轉眼間她就明白事情的真相。

「啊，你一定是以為我死了，所以才為我殉死的吧。為了你，我也能做相同的事，我很樂意立刻追隨你的腳步，我們兩人的最終歸宿就是死亡了。」

講完之後，緹絲碧立即結束了自己的生命。

這兩人的愛情沒有得到父母親的贊同，生命如朝露般消散了。從此以後，原本是白色的桑椹，每年結出的果實就都是暗紅色的了。

蛇的藥草救活小王子

米諾斯國王統治克里特島，建造了宏偉的宮殿，宮殿有壯麗的階梯，還有數不清的房間沿著彷彿沒有盡頭的長廊排列。宮殿的底層，滿滿都是存放著穀物、果實及酒的大甕，還有多間儲藏室，一打開門，堆滿耀眼的金銀珠寶，讓人睜不開眼睛。

外來的訪客都知道這裡的國王權勢浩大，無不戰戰兢兢。不過，國王再怎麼讓人害怕，也有另外一面，就是他很寵溺孩子。其中，他最疼愛的是小王子——格勞科斯。

有一天，小王子與別人玩著拋接球的遊戲，他為了撿一顆球而跑遠，就這樣失蹤了。國王厲聲斥責眾人，下達命令一定要找到王子。宮裡所有人都慌慌張張四處搜尋，但是怎麼樣都找不到王子。國王無可奈何，只好依循慣例，向神請求神諭。

神諭指示：

「不久之前，這座島上誕生了一頭不可思議的小牛，牠的毛色隨時會改變，如果有誰能完美描述牠的毛色，就可以讓你的兒子活著回來。」

國王納悶，這頭「不可思議的小牛」指的究竟是什麼？這時有一個臣子站出來，向國王稟告：

「最近，有一頭很奇妙的小牛就誕生在國王您的牛舍裡。早上，牠的毛皮是藍色，中午變為紅色，晚上又幻化成黑色。神諭裡所說的小牛，應該就是這頭小牛吧。」

國王隨即召來許多占卜師，看誰能好好兒形容小牛的毛色。最後一位上場的占卜師，是來自阿果斯的波呂伊多斯，他如此形容：

「那小牛的毛色變化有如**黑莓**，剛結果時是青色的，接著漸漸變紅，最後成熟時則轉成黝黑。」

「很好，你的比喻最完美。那麼，找回格勞科斯的任務就交給你了。」國王隨即命令波呂伊多斯去找小王子。

波呂伊多斯在宮裡一步一步走著，仔仔細細搜索每一間房間。然而，這是一座對成人而言都很困難的迷宮，房間和走廊錯綜複雜，即使想循原路走回出口，也難如登天。

這天，波呂伊多斯把地面上的房間全部搜索了一遍後，打算轉往地下室去找人。無意間，他看到一隻**貓頭鷹**在酒窖裡追逐著蜜蜂群。

他往蜂群的方向看過去，發現那裡有一個裝**蜂蜜**的大甕，蓋子半開半掩。他湊上前去看，在散發著濃郁香氣的甕內有個黑色的龐大物體載浮載沉著。

黑莓（第255頁）

薔薇科植物的一種，總稱為樹莓。常綠灌木，莖上有刺，生長速度很快。秋天結果，果實黑色，帶酸味，可以生吃，也可以製成果醬。

仔細一看，原來那龐然物體就是格勞科斯。只見他的臉朝下，手中緊握著球，已經氣絕多時。看樣子，他是為了撿球才失足跌進大甕裡。

米諾斯抱著兒子的遺體，對波呂伊多斯說道：「我給你的命令不是要你找遺體，根據神諭的指示，你應該是要替我帶回活生生的孩子才對。」

然後，國王厲聲命令：

「把這個人跟王子的遺體一同關進陵寢裡，直到王子恢復呼吸為止。」

波呂伊多斯苦苦央求國王收回命令：「我是占卜師，不是醫生，我根本不知道怎麼做才能讓死者復活呀。」但是國王完全不為所動。

波呂伊多斯就這樣被關進了地下陵墓，太陽照射不

貓頭鷹

鴞形目鳥類。鴞，音ㄒㄧㄠ。小型貓頭鷹長約二十公分，體型大的可長到五十公分。全身覆蓋灰色及褐色的毛，在夜晚活動，以老鼠或小型鳥類等為食。在希臘神話中，貓頭鷹為代表智慧女神雅典娜的聖獸。

到，陰寒無比，他只能盤坐在潮濕的石砌地板上，虛耗度日。

「唉，逃不出去！再繼續待下去，遲早我也會和王子一樣變成冰冷的屍體。」他不禁感嘆，不過是說了一句話，竟為自己帶來這種下場。

就在這時，石牆縫隙鑽出一條小蛇，向王子的遺體靠近。

波呂伊多斯見狀，心想：

「萬一牠咬傷了王子的遺體，冷血的國王不知道又會如何處罰我了。」於是，他趕緊拿起石頭用力砸。小蛇被砸中，當下翻白肚死了。波呂伊多斯放下心來。沒想到另一條蛇又出現了，而第二條蛇並不理睬王子的遺體，牠看到同伴的屍體後，隨即毫無聲息離開了。

蜂蜜（第256頁）

由蜜蜂所釀製的黏稠液體。

蜂蜜含有豐富營養，人類從五千年前就開始採集蜂蜜。

沒多久，蛇再度轉回，口中銜著不知名的藥草。牠想做什麼呢？波呂伊多斯感到十分好奇，在一旁仔細觀察，只見那條蛇把藥草覆蓋在同伴的屍身上。

這時，神奇事情發生了。原本死去的那條蛇，竟然緩緩地蠕動了起來。很快的，兩條蛇一起鑽進石牆的縫隙，然後就不見了。

原本心灰意冷的波呂伊多斯，親眼看到這個場景，重新燃起活下去的希望。他拾起蛇留下的藥草，然後小心翼翼的把藥草覆蓋在王子的遺體上，並為他按摩身體，王子很快就恢復了血色。波呂伊多斯這時按摩著王子的腳底，小王子不知道自己才剛剛撿回小命，醒過來後，斥責他：

「弄得我很癢耶，你別鬧了。」

國王聽到陵墓深處傳來求救聲，下令把墓門打開。當他看到兒子又活生生出現在面前，高興得跳了起來，不忘賜給波呂伊多斯許多的獎賞。

不過，波呂伊多斯婉拒了。這個毫無人性的國王，先前把他關進陵墓，害他差一點就死在陵墓裡，這時他只想趕快回到自己朝思暮想的故鄉。

因此，他對國王說：

「感謝您賜予我這麼多獎賞，但是我現在只想趕快回到故鄉。」他要求國王賜他一艘船，以便讓他搭船回家。

然而，國王非常看重他的能力，沒有答應他的請求。

「託你的福，格勞科斯活著回來了。你乾脆好人做到底，順便教授他占卜術吧。在他學會之前，不准你回國。」

波呂伊多斯無法違抗國王的命令，只好留下來。他盡力把自己的本領傳授給格勞科斯。最後，他總算獲得歸國的許可。當船隻即將離開碼頭時，波呂伊多斯對前來送行的格勞科斯說：

「等一下我張開嘴巴，你就將一口唾液吐進我嘴裡吧。」

年紀還小的格勞科乖乖照做，不料，轉眼之間，這位小王子就把所學到的占卜術忘得一乾二淨。

波呂伊多斯趕緊跳上船，逃離克里特島，朝著故鄉前進。

我與《希臘神話》的第一次相遇

小時候，家裡沒書，想看書，得去書店。

童年的書店，不是現在那種歡迎你去坐著窩著的書店，位在老式透天厝的一樓，老板娘在店門口把守，我在店裡徘徊不走，進店拿起書，假裝要買，其實口袋沒錢，看書要眼明手快，盡量翻快一點，必須在老板娘還沒趕你之前，囫圇吞棗，智慧落袋。

然而多半時候，再怎麼趕也是看不完，畢竟那時還沒有繪本，給孩子看的書每本都和大人的一樣厚，印刷不怎樣，雖然加了注音，但刪了大半的描寫，只留下情節。

真看不完時，沒關係，我們鎮上有三家書店，甲家看一點，老板娘一趕人，記住頁碼，跑到第二家，翻開再繼續往下看，第二家罵人了，還有第三家，三家輪完，回第一家就行。

我和《希臘神話》就是這麼相遇的。原本在看別本書，因為在三家書店被趕了一輪，回來找了一圈已找不到了，架上只剩一本《希臘神話》，所以就拿了它看。

對我當年來講，這樣的神話故事實在很難讓我進入。

原因無他，我住的小鎮，最崇拜媽祖，媽祖因為孝順父母，慈愛百姓，所以成為人們敬仰的海神，神不就應該要這樣的嗎？

然而《希臘神話》裡的海神波賽頓和我想像的完全不同，他當然威力強大，但是敢愛敢恨，一點也不像我熟悉的天神眾相，他的武器三叉戟很厲害，可是一生氣就用海水把大地淹沒，沒事就跟雅典娜打賭比賽，輸了勃然大怒找人類麻煩，怎麼會有神是如此？

最大的麻煩還是眾神之王宙斯，大家都知道宙斯愛美女，見一個愛一個，常常跟凡間的公主生小孩，麻煩的是他有個愛吃醋的太太——天后赫拉，只要是跟她的老公有關係的人，就一定會遭到赫拉的報復，像宙斯與人間公主生下的孩子海克力斯，才剛出生赫拉就放蛇想咬死他，所幸海力克斯天生神力，一把將蛇捏死，不然恐怕就要一命嗚呼。

既然赫拉如此可怕，宙斯就乖乖留在家裡了？當然不，他改不了喜歡美女的個性，依然在天地間四處約會，生下一個個半人半神的後代，這些後代即成為希臘神話裡一則又一則的傳奇。

「有這樣的神？」

「這也是神嗎？」

後來我才明白希臘那些萬能的天神，也同凡人般，有他們社會暗黑的一面，原來神和人一樣啊，沒有這樣多元的神界，又怎麼創造出如此可愛、豐富、神奇的奧林帕斯世界？

看懂了這一點，終於正式踏入希臘神話的世界，很快地著迷在古希臘人設定的神界裡，認識西方文化的起源。它們是很多故事的原型，即使在千年後的今天，我們依然會用這些希臘人的故事來詮譯我們身處的人世。跟著《希臘神話》，神遊在上古時期的歷史洪荒，對我後來讀西方歷史，有很大的助益。西方人深受希臘神話影響，吸引藝術家一代一代的投入創作，創作出多少不朽的作品，讀過《希臘神話》的人，去參觀收藏西方文物的藝術館、博物館時，會發現他們全躍在畫上、雕像上：海神波賽頓駕著馬車，躍出海面的壯觀景像、美神阿芙蘿黛蒂誕生的時刻、阿波羅追求河神女兒的畫面，太多太多經典場景，就算不聽導覽，一樣可以自己走得很自在、看得很有心得。

《希臘神話》像是一顆神奇的時空膠囊，讀了它就認識了一個原本陌生不解的西方文化，也因為認識它，無形中又擴大了我的文化視野，學習他們的智慧，多了一種人生的可能性。

讀《希臘神話》真是一門很棒的西方文化養成課，希望各位讀者也能悠遊其中，收穫良多。

【作者簡介】

王文華

兒童文學作家。畢業於國立台東大學兒童文學研究所。白天開心當小學老師，回家閉門寫童話故事，曾獲第四屆牧笛獎、陳國政兒童文學獎首獎、金鼎獎。著有《給孩子的希臘羅馬神話故事（上）：眾神的世界大戰》、《給孩子的希臘羅馬神話故事（下）：地獄的英雄任務》等書。

奧林帕斯十二主神名稱對照表

執掌	希臘名	羅馬名
眾神之王、天神	宙斯（Zeus）	朱比特（Jupiter）
海神	波賽頓（Poseidon）	涅普頓（Neptune）
冥王	黑帝斯（Hades）	普魯托（Pluto）
爐灶之神	赫斯提亞（Hestia）	維斯塔（Vesta）
婚姻之神、天后	赫拉（Hear）	朱諾（Juno）
戰神	阿瑞斯（Ares）	馬爾斯（Mars）
智慧與戰爭之神	雅典娜（Athena）	米娜娃（Minerva）
音樂與光明之神	阿波羅（Apollo）	阿波羅（Apollo）
美神	阿芙蘿黛蒂（Aphrodite）	維納斯（Venus）
商業之神、眾神使者	赫爾墨斯（Hermes）	墨丘利（Mercury）
月神	阿特蜜斯（Artemis）	黛安娜（Diana）
鍛造之神	赫費斯托斯（Hephaestus）	霍爾坎（Vulcan）

星座圖（六月與十一月）

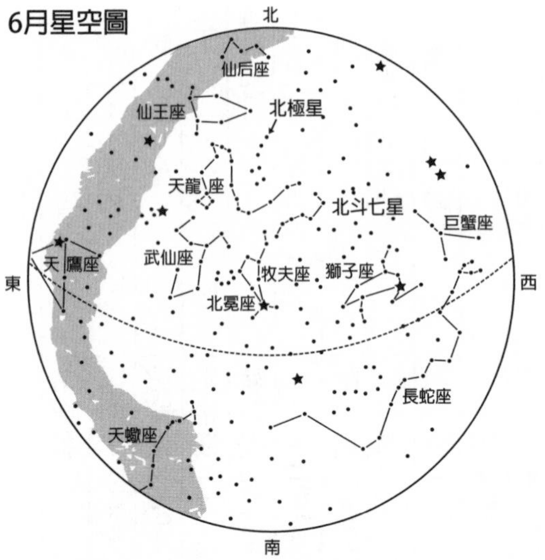
6月星空圖
北
仙后座
仙王座
北極星
天龍座
北斗七星
巨蟹座
武仙座
天鷹座
東
牧夫座
獅子座
西
北冕座
長蛇座
天蠍座
南

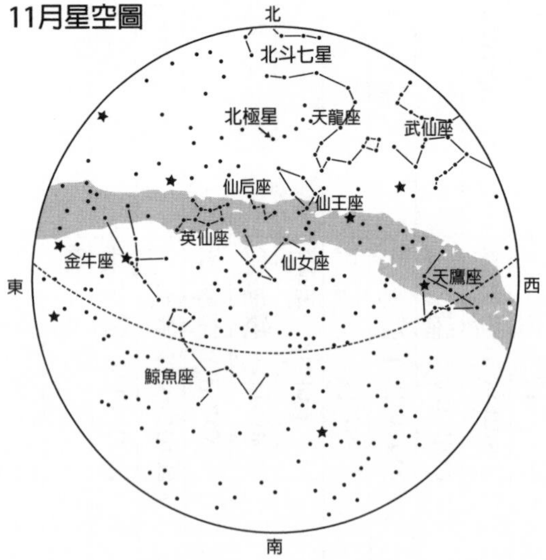
11月星空圖
北
北斗七星
北極星
天龍座
武仙座
仙后座
仙王座
英仙座
金牛座
仙女座
天鷹座
東
西
鯨魚座
南

日文版編寫

高津春繁

一九〇八年生於神戶。東京帝國大學文學部畢業。研習希臘語，鑽研希臘文學和語言學。著有《希臘．羅馬神話辭典》等書，並將希臘學者阿波羅多洛斯的《希臘神話》翻譯為日文。

高津久美子

一九一三年生於東京都，日本女子大學畢業。畢生致力於希臘文學的翻譯與介紹。與先生高津春繁的共同譯作包括《荷馬史詩》等書。

中文版譯者

林孟賢

1988 年生。世新大學中文系畢業。
目前從事出版社特約編輯和日語翻譯。
曾參與《樋口一葉的東京下町浮世繪》等書的編輯工作。

封面繪圖：Lynette Lin
封面設計：倪龐德
地圖與註解小圖繪製：陳宛昀
彩色插圖繪製：林藝軒

這套世界文學包含了多元的文化與各地不同的風景與習俗，當你徜徉在《希臘神話》故事情節中時，是否也運用了你敏銳的觀察力，發現哪些是與自己的生活很不一樣的地方呢？以下幾個問題將幫助你試著發表自己的心得或感想。現在就讓我們穿越文字的任意門，一起開始這趟充滿勇氣、信心與感動的旅程吧！

問題1 普羅米修斯為甚麼同情人類？他做了什麼幫助人類？他的結局如何？你覺得他的行為是正確的嗎？你會怎麼做？

問題2 為何潘朵拉會打開她的甕？裡面最後還剩下什麼？如果讓你選擇，你會在潘朵拉的甕裡留下什麼來幫助人類（健康、知足、財富⋯）？為什麼？

問題3 墨蘭波斯有什麼超能力？起因是？如果你也可以選擇一種超能力，你想要什麼超能力？為什麼？

問題4 你知道自己的星座是什麼？它有何故事？

問題5 台灣也有很多民間的傳說，請舉出一位台灣的神明與希臘神話中的神，說說他們有何異同之處？比方說海神，台灣的媽祖是保護漁民，希臘神話中的波賽頓則是統治整個海洋國度。

國家圖書館出版品預行編目（CIP）資料

希臘神話／阿波羅多洛斯（Apollodorus of Athens）著；林孟賢譯. -- 二版. -- 新北市：木馬文化出版：遠足文化發行，2019.01
面；　公分
譯自：ギリシア神話
ISBN 978-986-359-627-1（平裝）
1. 希臘神話
284　　107021615

希臘神話

ギリシア神話

原著作者：阿波羅多洛斯（Apollodorus of Athens）
＊日文版由高津春繁 ・ 久美子共同自希臘文編譯而成
譯　　者：林孟賢

社　　長：陳蕙慧
副總編輯：戴偉傑
責任編輯：葉芝吟、王淑儀（二版）

讀書共和國出版集團社長：郭重興
發行人兼出版總監：曾大福
出　　版：木馬文化事業股份有限公司
發　　行：遠足文化事業股份有限公司
地　　址：231 新北市新店區民權路 108-2 號 9 樓
電　　話：(02)22181417　　傳　　真：(02)8667-1891
Email：service@bookrep.com.tw
郵撥帳號：19588272 木馬文化事業股份有限公司
客服專線：0800221029
法律顧問：華洋國際專利商標事務所 蘇文生律師
內頁排版：中原造像股份有限公司
印　　刷：中原造像股份有限公司
小木馬悅讀遊樂園：https://www.facebook.com/ecuschildren/

初　　版：2016 年 11 月
二版一刷：2019 年 1 月
定　　價：300 元
ISBN：978-986-359-627-1

21 SEIKI-BAN SHOUNEN SHOUJO SEKAIBUNGAKU-KAN [01]
《GIRISHA SHINWA》
© Akiko Kido 2010
All rights reserved. Original Japanese edition published by KODANSHA LTD.
Complex Chinese publishing rights arranged with KODANSHA LTD. through AMANN CO., LTD., Taipei.
本書由日本講談社授權木馬文化事業股份有限公司發行繁體字中文版，版權所有
未經日本講談社書面同意，不得以任何方式作全面或局部翻印、仿製或轉載